早坂 隆

大東亜戦争の事件簿

──隠された昭和史の真実

育鵬社

第七章　対馬丸事件 133

第十章　北海道占領未遂事件　185

序章

排日・侮日事件

本書『大東亜戦争の事件簿』は、世間的にあまり知られていない秘話のような事件から、ある程度の知名度がある事件まで、幅広く収録した内容となっているが、その序章として「大東亜戦争前」に勃発した事件についても、いくつか記しておきたい。

支那事変（日中戦争）は昭和十二（一九三七）年七月七日の「盧溝橋事件」が発端とされるが、それ以前から中国（中華民国）では凄惨《せいさん》な排日・侮日事件が連続して起こっていた。

昭和十（一九三五）年十一月九日、上海の共同租界内において、日本海軍の上海陸戦隊員である中山秀雄一等水兵が、中国人により背後から射殺された。治外法権のある租界内での事件に日本海軍は衝撃を受けた。犯人の葉海生という男は、「反日」「反蔣介石」を掲げる秘密結社・同義協会の命令下にある人物だった。これが「中山水兵射殺事件」である。

昭和十一（一九三六）年七月十日には、上海在住の萱生鑛作《かようこうさく》という日本人商人が、近所の子供三人を連れて歩いていたところ、背後から頭部を狙撃された。萱生は病院に搬送されたが、間もなく息を引き取った。この抗日テロは「上海邦人商人射殺事件」と呼ばれる。

八月二十四日、四川省の成都において、『大阪毎日新聞』の記者が中国人の暴徒に襲われて死亡。一緒にいた者たちも重傷を負った。「成都事件」の勃発である。

九月三日、広東省の北海で日本人が経営する商店が襲撃され、店主が殺害されるという「北海事件」が発生。中野順三というその店主は、中国人の妻を持ち、二十年ほど当地で暮らしていた人物であった。

九月十九日、漢口の市街地において、警察官の吉岡庭二郎巡査が狙撃されて死亡。日本総領事館第九号見張所で立番中だった吉岡は、日本租界近くの煙草店で店主と話しているところを中国人に襲撃されたのだった。中国人が発砲した拳銃の弾丸は、吉岡の左頸部《さけいぶ》を襲った。吉岡は即死であった。これが「漢口邦人巡査射殺事件」である。

九月二十三日、海防艦「出雲」の乗組員である日本人水兵四名が上海の共同租界内で、数名の中国人から狙撃を受けて一名が死亡。これを「上海日本人水兵狙撃事件」という。

以上のような多くのテロ事件の土壌にあったのは、中国側による強烈な抗日プロパガンダであった。徹底した反日教育と過激な煽動により、極端な排日思想が中国全土を覆っていた。

そんななかで迎えた昭和十二（一九三七）年七月七日、北京（北平《ほくへい》）郊外で夜間演習中の支那駐屯歩兵第一連隊第三大隊第八中隊に実弾が撃ち込まれたことにより、「盧溝橋事件」が勃発した。

十一日、時の近衛文麿内閣（第一次）は現地への増派を決めたうえで、「現地解決」と「不拡大方針」を掲げた。以降、日本側からの全面的な攻撃は自重されたが、中国側からのゲリラ攻撃は一向に収まらなかった。

十三日には、日本軍のトラックが爆破され、四名が死亡する「大紅門事件」が勃発。その後も日本軍への攻撃は執拗《しつよう》に続いた。

ちなみに、北京周辺などに日本軍が駐留していたのは、義和団事件後に八ヶ国の間で調印された北京議定書の内容に依拠する。八ヶ国の軍隊がそれぞれ自国の居留民を保護するために駐留していたものであり、国際法に則ったうえでの駐留だった。

二十五日、北京郊外の郎坊という地で電線の復旧工事をしていた日本軍の通信部隊が中国側により襲撃され、二名の重傷者が発生。「郎坊事件」の勃発である。

二十六日、北京の広安門で日本軍が襲撃に遭い、通訳を含む三名が死亡。そのほかにも多数の負傷者が出た。これは「広安門事件」と呼ばれる。

こうした無数の事件を機に、日本側も武力行使の拡大へと方針を転じていくことになる。

こうして日中は全面戦争へと突入していったのだった。

＊

もちろん、中国との関係性において、日本側がまったくの無謬《むびゅう》であったはずがない。

昭和六（一九三一）年九月十八日、奉天北部の柳条湖において、奉天独立守備隊が満鉄（南満洲鉄道）の線路を爆破し、中国側の犯行として武力行使の口実とした「柳条湖事件」は、その後の満洲事変へと繋がっていった。こうした事件自体を否定することはできない。

しかし、日本の近代史教育では、こうした「日本が加害者」である事件ばかりが教えられ、

「日本が被害者」の事件は不思議なほど触れられない。この章の例で言うと、この時期に日中間で多くの事件が起きていたにもかかわらず、なぜ教科書に掲載されているのが主に「柳条湖事件」と「盧溝橋事件」だけなのか。

歴史が意図的にトリミングされているのである。その結果、全体としてのバランスを欠いた歴史教育となってしまっている一面が否めない。

だが、実際の戦争とは、相互性の中で拡大していくものである。お互いがお互いを攻撃する数々の「事件」の連なりによって成り立っていると言えるであろう。一方が絶対的な加害者で、もう一方が絶対的な被害者であるという歴史認識にとらわれてしまっては、史実を大きく見失うことになる。

そのことを序論としてまず付しておきたい。

第一章　通州事件

隠された大虐殺

昭和十二（一九三七）年七月二十九日、北京の東方に位置する通州（現・北京市通州区）という町で、その大虐殺事件は起こった。

夜明け前の午前四時頃、無数の銃声が町の静寂を引き裂いた。冀東《きとう》保安隊（保安隊）と呼ばれる中国人部隊らが叛乱《はんらん》を起こし、日本人居留民への襲撃を始めたのである。「通州事件」の始まりであった。

時は盧溝橋事件の約三週間後にあたる。

通州という町は、日本と友好関係にある冀東防共自治政府の本拠地であった。冀東防共自治政府とは、共産主義勢力への対抗を掲げる「親日地方政権」の一つである。

冀東防共自治政府の設立者であり、政務長官の役を務めていた殷汝耕《いんじょこう》は、日本に長く留学し、早稲田大学の政治学科を卒業した人物だった。妻も日本人であった殷汝耕は「日支親善」の理念を掲げていた。

そんな「親日派」の殷汝耕が指揮する冀東防共自治政府の麾下《きか》にある保安隊は、中国人部隊ではあるが日本人居留民の保護を目的とし、五〇〇〇人以上もの人員から成り立つ組織だった。謂わば「治安部隊」である。教育や軍事訓練、武器供与などの面においては、日本の支那駐屯軍が援助していた。

しかし、この保安隊が突如として殷汝耕を逮捕し、通州在住の三百人ほどの日本人への大規模な攻撃を開始したのである。すなわち「寝返り」「裏切り」であった。

保安隊の内部には、じつは中国共産党の工作員が多く紛れ込んでいた。中国共産党北方局の工作員が保安隊の幹部に「抗日」を繰り返し訴え、叛乱を煽動したのである。

ほかにも「親日派の切り崩し」を狙う複数の反日勢力が、様々な工作活動を行っていたとされる。

日本人は人間じゃない

通州は四方を城壁に囲まれた町である。東西南北に城門が設けられ、各街道へと続いていた。古来、戦乱の多い中国では、ごく一般的な町のつくりと言える。以降の本書で使われる「城内」という言葉は、「城の内部」ではなく、「市内」といった意味を表している。

通州の一帯は綿花の栽培が盛んな地域であったが、最新の栽培方法を教えるため、多くの日本人がこの地で暮らしていた。そのほか、町には日本人が経営する食堂や雑貨店などが軒を連ねていた。

佐々木テンは大分県の出身。二十代の頃、中国人商人の男性と結婚し、昭和七（一九三二）年に中国の天津に渡った。その二年後の昭和九（一九三四）年に通州に転居した。

通州で暮らし始めた当初は近所の中国人たちと仲良くしていたが、次第に町の雰囲気は排日意識に染められていった。彼女は昭和十二（一九三七）年の通州の様子について、戦後にこう証言している。

〈七月になると「日本人皆殺し」「日本人は人間じゃない」「人間でない日本人は殺してしまえ」というような言葉を大声で喚きながら行進をするのです。鉄砲を持っている学生もいましたが、大部分の学生は銃剣と青竜刀を持っていました〉（『通州事件　目撃者の証言』〔藤岡信勝編著　自由社刊〕）

ここで言う「学生」とは、蔣介石が組織した「教導総隊」という学生部隊のことを指していると思われる。教導総隊は保安隊の一部として組み込まれていた。黒い詰襟姿の教導総隊の隊員たちの中にも、共産党員がかなり混入していたとされる。

テンは以前から、一部の日本人が中国人に対して差別的な言動を取ることに心を痛めていた。しかし、中国人側の過激で暴力的な思想の肥大化は、彼女の想像を遥かに超えるものだった。テンは夫の勧めによって、中国人のふりをして過ごすようになった。それほど身の危険を感じるような不穏な雰囲気が、日に日に増していたのである。

抗日や排日を煽動する勢力は、中国内の「親日派」の解体を目指して、その活動を活発化させていた。

そんななか、通州事件が起きる二日前の七月二十七日、関東軍（満洲に駐屯する日本陸軍部隊）の爆撃機が、保安隊の施設を誤って爆撃してしまう事件が発生。数名が犠牲となった。日本側はすぐに殷汝耕に陳謝し、犠牲者遺族への補償などを申し出た。

しかし、この事件がさらなる抗日意識の拡大に繫がってしまったのは、言うまでもないことであった。

暴徒化する保安隊

こうして迎えた七月二十九日の早朝である。

日の出前の町に銃声が響き渡ると、それらは一挙に拡散していった。

この日、通州の城内にいた保安隊の人数は三三〇〇人ほど。そのほか、城外にも二五〇〇人ほどの兵力が配されていた。

対する日本軍は、北京議定書に基づいて駐留する五十人ほどの通州守備隊（通州警備隊）がいる程度で、ほかにはわずかな輜重兵《しちょうへい》（軍需品の輸送・補給にあたる兵）や諜報部員がいるのみだった。同地に主力として駐屯していた歩兵第二連隊は、北京の南方に位置する南苑で起きた戦闘を鎮圧するために出動していた。保安隊側はこれを好機と見たのである。

蜂起した保安隊により、日本側の警備隊本館や兵舎はすぐに包囲された。保安隊は野砲や迫撃砲を使って、各施設を攻撃。領事館警察分署や通州特務機関なども襲撃された。

保安隊の攻撃は、次第に規律を失って暴走を始めた。日本人にとって友軍であったはずの保安隊は、完全に暴徒と化した。

攻撃対象は、軍関係以外の施設にも及んだ。綿花栽培の技術向上を目的とする植綿指導所の官舎である安田公館も、その標的となった。

植綿指導所の職員である石井亨は、東京帝国大学で農学を専攻。卒業後、綿花栽培に関する最新の技術を伝えるため、通州に赴任していた。

石井は半年ほど前に日本人の女性と結婚したばかりの新婚者であった。給料から毎月、東京に住む両親に仕送りをする孝行者でもあった。

安田公館を襲撃した一団は建物内に押し入り、職員やその家族に銃を乱射。石井は応接室でその命を奪われた。

以下はのちに確認されたことだが、石井の遺体の脇には、血まみれの手帳が落ちていた。その手帳の中には、次のような言葉が血糊によって記されていた。

〈六時三〇分襲撃サル。残念〉

〈バンザイ。アトヲ頼ム〉

石井の新妻の遺体も、同じ応接室で発見された。

子供までもが殺戮の対象に

保安隊の攻撃は一般の民家にも及んだ。彼らは拳銃を乱射しながら住宅や店舗に押し入り、現金や金目の物、家具などの掠奪《りゃくだつ》を始めた。

通州事件の数少ない生存者の一人である廣田利雄は、この日の朝のことをのちにこう証言している。

〈グウグウ高鼾《たかいびき》をかいていたのですが、庭にいた子牛大の犬が銃声に驚いたのか柄にもなく吼《ほ》えるのです。（略）すると二、三百人の保安隊が暗灰色の学生服を着た学生風の一隊と凄い形相をして西の方に行くのです。その学生風の人達も武器を持っていて、持たない者は棒きれをさげていました。

『小供は許してくださいッ、小輩不行（子供・いけない）』と狂気のように叫ぶ日本婦人が、二、三人の保安隊員に引っ張られながら行くのです。日本語と支那語を交ぜてしきりに懇願し

ているのです〉（『話』昭和十二年十月号　ルビは引用者による）
廣田は急遽《きゅうきょ》、中国人の家に隠れて事なきを得た。
また、事件当日、五歳だった新道せつ子は、その日の記憶を以下のように記述している。
〈城内で医院を開いていた私の父母は、暴動を起こした中国の保安隊に襲われ、その地にいた邦人二十七人といっしょに、高梁（引用者注・コーリャン。モロコシのこと）の畑で虐殺されたのでした。二歳だった妹も、母に抱かれていたために同じ運命にあったのでした。私はその七月二十九日を境にして、異境で孤児になったのでした〉（『ハンゼン氏病よ　さようなら』〔新道せつ子著　主婦の友社刊〕）
彼女自身は、父親の病院で看護師をしていた中国人女性の助けによって生き長らえることができた。以前から仲の良かった何鳳岐という名のその看護師は、せつ子のことを、
「自分の愛児だ」
と言い張って、暴徒の手から守り切ったという。保安隊による虐殺が広がるなか、日本人に同情的な行動を示す者もいたのだった。

娘への暴力

前述の佐々木テンは、中国人の夫とともに自宅から逃れた。彼女は当日に目撃した光景を次のように伝える。

〈そのうち日本人の家の中から一人の娘さんが引き出されて来ました。十五才か十六才と思われる色の白い娘さんでした。（略）学生はこの娘さんをいきなり道の側に押し倒しました。そして下着を取ってしまいました。娘さんは「助けて！」と叫びました〉（『通州事件　目撃者の証言』ルビは引用者による、以下、同）

その時、その娘の父親と思われる男性が、身を投げ出して救出に入った。しかし、その後に起きたことを彼女はこう述べる。

〈すると保安隊の兵隊がいきなりこの男の人の頭を銃の台尻で力一杯殴りつけたのです。何かグシャッというような音が聞こえたように思います。頭が割られたのです〉

父親らしき男性は、数人の中国人たちによって袋叩きにされた。そのうちに保安隊の兵士の一人が銃剣で男性の腹部を突き刺した。それでも暴力は収まらず、その兵士は男性の胸部をも何度も突いた。やがて男性は息絶えた。遺体は丸太のように蹴飛ばされた。

凶行はなおも続く。娘への暴力が改めて始まったのである。周囲の中国人に混じってこの惨劇を見ていたテンはこう回顧する。

〈この娘さんは既に全裸になされております。そして恐怖のために動くことが出来ないのです。その娘さんのところまで来ると下肢を大きく拡げました。そして陵辱《りょうじょく》をはじめようとするのです。（略）ところがこの娘さんは今まで一度もそうした経験がなかったからでしょう。どうしても陵辱がうまく行かないのです。

すると三人程の学生が拡げられるだけこの下肢を拡げるのです。そして保安隊の兵隊が持っている銃を持って来てその銃身の先でこの娘さんの陰部の中に突き込むのです〉

おぞましい惨事はまだ終わらない。

〈するとギャーッという悲鳴とも叫びとも言えない声が聞こえました。私は思わずびっくりして目を開きました。

するとどうでしょう。保安隊の兵隊がニタニタ笑いながらこの娘さんの陰部を抉り取っているのです。何ということをするのだろうと私の身体はガタガタと音を立てる程震えました〉

引用するのも憚《はばか》られるような言葉を、さらに続けなければならない。

〈ガタガタ震えながら見ているとその兵隊は今度は腹を縦に裂くのです。それから剣で首を切り落としたのです。その首をさっき捨てた男の人の屍体のところにポイと投げたのです。投げられた首は地面をゴロゴロと転がって男の人の屍体の側で止まったのです。

若しこの男の人がこの娘さんの親であるなら、親と子供があああした形で一緒になったのかなあと私の頭のどこかで考えていました〉

老人や妊婦までも

中国人の夫とともに中国風の格好をしていたために難を逃れたテンであったが、彼女の目撃した惨劇はほかにもいくつもあった。彼女はこんな光景も証言している。

〈一人のお婆さんがよろけるように逃げて来ております。するとこのお婆さんを追っかけてきた学生の一人が青竜刀を振りかざしたかと思うといきなりこのお婆さんに斬りかかって来たのです〉

暴徒の刃は、老婆の左腕を肩の辺りから切り落とした。老婆は仰向けになって倒れた。暴徒はさらに老婆の胸部と腹部を突き刺し、その場を去った。

テンは周囲に人がいないことを確認したうえで、老婆のもとに駆け寄った。血まみれの老婆は、

「くやしい」

と口にし、

「かたきをとって」

と言ったという。

〈私は何も言葉は出さずにお婆さんの額に手を当ててやっておりました。「いちぞう、いちぞう」と人の名を呼びます。きっと息子さんかお孫さんに違いありません。（略）するとこのお婆さんが「なんまんだぶ」と一声お念仏を称えたのです。そして息が止まったのです〉

凶行は老人にまで及んだのだった。老婆の無念はいかばかりだったであろう。

さらにその獣的な所業は、妊婦にまで達した。テンは次のような記述を残している。

〈国民政府軍の兵隊と見える兵隊がつかつかとこの妊婦の側に寄って来ました。私は何をするのだろうかと思いました。そして一生懸命、同じ人間なんだからこれ以上の悪いことはしてくれないようにと心の中で祈り続けました。

だが支那の兵隊にはそんな人間としての心の欠片《かけら》もなかったのです。剣を抜いたかと思うと、この妊婦のお腹をさっと切ったのです。

赤い血がパーッと飛び散りました〉

以下はさらに目を背けたくなるような残虐性の高い表現が続くが、あえてそのまま引用したい。

〈妊婦の人がギャーという最期の一声もこれ以上ない悲惨な叫び声でしたが、あんなことがよく出来るなあと思わずにはおられません。

お腹を切った兵隊は手をお腹の中に突き込んでおりましたが、赤ん坊を探しあてることが出来なかったからでしょうか、もう一度今度は陰部の方から切り上げています。そしてとうとう赤ん坊を掴《つか》み出しました。その兵隊はニヤリと笑っているのです。

片手で赤ん坊を掴み出した兵隊が、保安隊の兵隊と学生達のいる方へその赤ん坊をまるでボールを投げるように投げたのです〉

銃殺場の光景

そのほか、凄惨《せいさん》な虐殺の舞台となってしまった場所の一つが、日本旅館の近水楼であった。風光明媚な湖畔に建つこの旅館では、十名ほどの日本人が働いていた。経営者も日本人であった。

当初は遠くで聞こえていた銃声が、次第に近づいてきた。やがて一発の銃弾が旅館の窓ガラスを割った。宿泊者の多くは二階に避難し、畳を立てて防壁とした。その後、一人の宿泊者の提案により、屋根裏に移動して身を潜めることになった。

やがて一階から複数の人間の足音が聞こえてきた。乾いた銃声が屋内に鳴り響いた。

玄関脇の押し入れの中に隠れていた四人の女中はすぐに見つかり、あえなく射殺された。暴徒たちは机や布団、衝立などを次々と持ち出していった。

屋根裏の者たちは息を殺して隠れていたが、約二時間後に発見された。彼らは持っていた財布や貴重品はもちろん、ハンカチ一枚まで奪われた。

彼らは麻縄で数珠つなぎにされたうえ、北門の近くまで連行された。そこが銃殺場となっていたのである。

しかし、連行された中の一人、『同盟新聞』の特派員だった安藤利男は、銃殺前に縄をひきちぎって逃走することに成功。安藤はその時のことをのちにこう綴《つづ》っている。

〈縦になっていた銃が次第に「狙え」のかまえに横にかえられた。瞬間、サッと殺気が走って、アッその時、裂帛《れっぱく》（引用者注・「鋭い声」の意）の女の叫び、「逃げましょうッ」と。その声は冀東政府で見た事のあるタイピストの、あの人の声ではなかったろうか。一瞬この叫びと筆者の跳躍とどちらが先かあとかとっさの事だった。そして城壁のふちに手をかけると、壁画に腹ばって、むこう側三丈余をすべり落ちていった。銃声がはげしくあとを追いかけてひびいた。これが虐殺の日の筆者が知る最後の場面であった〉（『文藝春秋臨時増刊　昭和の35大事件』ルビは引用者による）

「死の街」通州

日本軍の部隊が通州に到着したのは、翌三十日の夕方のことであった。虐殺はこうして終息したが、多くの暴徒はすでに逃亡していた。

事件後、通州憲兵隊が作成した事件調書の写しには、以下のように記されている。

〈多数の邦人が虐殺された跡を見ると、実に其の惨状言語に絶し、正視に堪えないものがある。すなわち、ある者は鼻に針金を通され、ある者は大根の様に腕や脚を切り刻まれ、眼を刳《く》り抜かれ、あるいは耳鼻を切断され、手足の指を裂き、婦女子に至っては、手脚を切り刻み自由を奪った後凌辱したものすらあった〉（ルビは引用者による）

事件当時、通州に滞在していたアメリカ人ジャーナリストのフレデリック・V・ウイリアムズは、その著作『Behind the news in China』の中でこう綴っている。

〈それは一九三七年七月二十九日の明け方から始まった。そして一日中続いた。日本人の男、女、子供は野獣のような中国兵によって追いつめられていった。家から連れ出され、女子供はこの兵隊ギャングどもに襲い掛かられた。（略）それから男たちと共にゆっくりと拷問《ごうもん》にかけられた。ひどいことには手足を切断され、彼らの同国人が彼らを発見したときには、ほとんどの場合、男女の区別も付かなかった〉（『中国の戦争宣伝の内幕』〔フレデリック・ヴィンセン

ト・ウイリアムズ著　田中秀雄訳　芙蓉書房出版刊」ルビは引用者による）

結局、通州に約三百人いた日本人のうち、じつに二百人以上が犠牲になったとされる。襲撃先は警察分署、旅館、食堂、民家など町じゅうに及び、その犠牲者の大半が非戦闘員の民間人であった。

日本人を襲ったのは、教導総隊を含む保安隊のほか、国民政府軍の兵士、さらには匪賊《ひぞく》もいたとされる。

当時の国際法によれば、正規の戦闘員同士の交戦によるものならば、それがたとえ多くの死傷者を生んだ戦闘だとしても「虐殺」とはいわない。「虐殺」とは女性や子供など、非戦闘員への無差別的な殺戮《さつりく》状態のことを指す。この意味において、通州事件とはまさに国際法違反の大虐殺事件であった。

通州虐殺の報は、日本国内に一斉に伝えられた。『東京日日新聞』（現・毎日新聞）は七月三十日付で号外を出している。その見出しには「通州で邦人避難民　三百名殆《ほと》んど虐殺さる」（ルビは引用者による）とある。その後も各新聞社が現地に記者を派遣し、事件について詳しく紙面で伝えた。

多くの邦人が命を奪われたこの事件を契機として、日本国内における中国への厳しい世論はいっそう過熱。「暴支膺懲《ぼうしようちょう》」という言葉が広く言われるようになった。「暴虐な支那を懲らしめよ」といった意味である。
この言葉は一種の流行語となり、当時の日本に定着していった。

第二章 南京事件・黄河決壊事件

大山事件から上海戦へ

盧溝橋事件を契機として始まった支那事変は、中国各地へと拡大していった。

上海では昭和十二（一九三七）年八月九日、上海海軍特別陸戦隊中隊長の大山勇夫海軍中尉が、斎藤與蔵一等水兵の運転する自動車に乗って移動していた際、中国人部隊による襲撃に遭遇。その場所は非武装地帯であったが、機銃の乱射によって大山、斎藤両名ともに不帰の人となった。大山の身体には三十発以上もの銃弾が撃ち込まれていたとされる。

十二日には、中国軍部隊が上海に進軍し、日本人の租界区域を包囲。十三日、日本の海軍陸戦隊に攻撃を仕掛けた。

このような事態を受けて、日本側は上海への増派を決定。中国側も兵力をさらに上海に集中させた。こうして日中両国は、全面戦争の局面を迎えることになった。

結局、上海で始まった激しい戦闘は、約二ヶ月半に及んだ。増派を続けた日本軍は、上海を制圧することに成功した。

しかし、この一連の戦闘における日本軍の戦死者は、約一万人にも達した。

南京戦へ

一方、上海戦に敗れた中国軍は、中華民国の当時の首都である南京へと退却。日本軍は「南京への追撃戦」に着手した。

日本側には「南京を落とせば戦争は終わる」という予測があった。「中途半端に矛を収めれば、中国軍は必ず態勢を整え、戦争は長期化する」といった想定である。

日本側は当初、「十二月中旬」の南京攻略戦を企図したが、十一月十九日に現地の第十軍が独断で南京方面への進撃を開始。予定は変更を余儀なくされた。日本陸軍における命令系統の混乱は、戦争の帰趨《きすう》に大きな影響を与えた。

二十八日、現地の動向を後追いするかたちで、参謀本部が南京攻略戦を正式に認可。上海方面に駐留していた各部隊は、一斉に南京を目指して進軍を始めた。

南京への途次にも、散発的な戦闘が続いた。中支那派遣軍野戦電信第一中隊の一員として南京を目指した島田親男は、その際に見た光景を次のように語る。

「道路に支那兵の死体が幾つも転がっていたのですが、それらを取り除くまでもなく、砲車や人馬が進む。その時期、雨の日が多かったと思うのですが、死体の肉と血が、泥と混ざってグチャグチャになっていましてね。その上を行く感覚というのは、未だに忘れることができません」

十二月八日、日本軍は南京の街を包囲。中支那方面軍司令官の松井石根《まついいわね》陸軍大将は「南京城攻略要領」を示達し、将兵たちの「不法行為」や「掠奪《りゃくだつ》行為」「失火《しっか》」などを厳しく戒めた。

松井は「陸軍きっての親中派」であり、中国での滞在経験も豊富で、現地に幅広い人脈を持っていた。蒋介石とも旧知の仲であった。

そんな松井は以前より「中国一撃論」を唱えていた。松井は「独裁化する蒋介石政権」を打倒し、かつ中国の「共産化」を防ぐことが、中国の民衆のためになると考えていた。「大亜細亜主義者」でもあった松井は、そのうえで日本と中国が友好を深め、欧米の帝国主義支配からアジアを解放することを望んでいた。そのためには独裁色と排日を強める蒋介石政権に一撃を加え、中国を刷新しなければならないと考えていたのである。

九日、日本軍は航空機から「投降勧告文」を南京の市街地に撒布。松井が目指したのは「平和裡の無血占領」だった。

これに対し、中国側にも「南京の放棄」を主張する声は多く、蒋介石も防衛戦には消極的で、首都機能の移転もすでに宣言されていた。しかし、司令官の唐生智《とうせいち》が徹底抗戦を主張。結局、日本側からの投降勧告は無視された。

掠奪者の正体とは？

十二月十日、歩兵第三十六連隊が、城門の一つである光華門への砲撃を開始。堅牢な構えを誇る光華門への攻撃は難航したが、激しい砲撃の末、突破することに成功した。

そのほか、日本軍は広大な南京市の各地で一斉に戦闘を始めた。中国軍からの強烈な抗戦に晒《さら》されることもあったが、総じて優位に戦闘を展開した。

十二日には、唐生智が早々に南京から脱出。最高司令官が戦場から離れたことにより、中国軍の命令系統は著しく混乱した。『チャイナ・ジャーナル』（一九三八年一月号）には、次のような記述がある。

〈唐生智逃亡と知れ渡ると、支那軍兵士は南京を離れようとした、彼らは友軍の手で機関銃によりなぎ倒された〉

文中の「友軍」とは督戦隊のことを指している。中国軍には逃亡を企てた兵士を殺害するための督戦隊という専門部隊が存在した。

一方、南京の民間人は市外に避難したか、南京在住の外国人たちの手によって設けられた「安全地帯（南京安全区）」に退避した。

そんななかで発生したのが、中国人による大規模な掠奪行為であった。『ニューヨーク・タイムズ』（十二月十八日付）は、南京市内の様子を以下のように伝えている。

〈土曜日（十一日）には中国兵による市内の商店に対する略奪が広がっていた。目的が食糧と物資の獲得にあることは明らかであった〉


さらに、ロイター通信のスミスという記者はこう記している。

〈十二月十二日の夜、支那軍と市民が掠奪を始めた。――まず、日用品店から金目の物が奪われた。さらに、個人の家から食料品を運び出す支那兵の姿も見えた〉

大虐殺はあったか？

終戦後に開かれた極東国際軍事裁判（東京裁判）において、南京戦はこう断じられている。
〈六週間に南京市内とその周りで殺害された概数は、二十六万乃至《ないし》三十万で、全部が裁判なしで残虐に殺害された〉（「検察側最終論告」 ルビは引用者による）
〈日本軍人によって、大量の虐殺・個人に対する殺害・強姦・掠奪及び放火が行われた。（略）この犯罪の修羅の騒ぎは一九三七年十二月十三日に、この都市が占領されたときに始まり、一九三八年二月の初めまでやまなかった。この六、七週間の期間において、何千という婦人が強姦され、十万以上の人々が殺害され、無数の財産が盗まれたり、焼かれたりした〉（「松井石根判決文」)

前述の島田親男は光華門の戦闘に参加した後、十三日の午前中に南京市内に入った。その時の様子をこう語る。

「城内には人の姿もなく、静まり返っていて、非常に不気味な様子でした。『がらん』とした感じです。結局、銀行だった建物の中に第六師団の司令部が設置されたのですが、私はそこで通信業務を行うことになりました」

島田が続ける。

「南京に入って一週間くらいは、私も気が立っていたというか、興奮していたのでしょうね。夜もなかなか寝付けなかったのを覚えています。しかし、南京の市民は皆、安全地帯にとっくに逃げていますしね。城内ではのちに言われるような死体の山など、私は見たことがありません」

南京への行軍中の光景として「多くの支那兵の死体を踏み越えた」と率直に語る島田の言葉には信憑性《しんぴょうせい》がある。南京戦についてはこう語る。

「戦闘で亡くなった支那兵が多くいたのは事実です。それは本当に悲惨なことでした。それに関しましては、私も犠牲者の方々への鎮魂の思いをずっと抱き続けております。しかし、のちに言われるような市民への三十万人だのという大虐殺なんて、私はしてもいないし、見てもいません」

南京各地で激しい戦闘があったことは事実である。しかし、第一章でも述べた通り、虐殺とは非戦闘員への無差別的な殺戮《さつりく》のことを指す。正規の戦闘員同士の交戦は「虐殺」とは言わない。

そのような国際法の理解と照らし合わせて、南京攻略戦は果たして中国側が言うような「大虐殺」だったのかどうか。真に「虐殺」の言葉がふさわしいのは、通州だったのではないか。以下、さらに史実を丁寧に見定めていく必要がある。

便衣兵の存在

南京戦への理解を難しくさせているのが便衣兵の存在である。

便衣兵とは、軍服から私服に着替えた兵士のことである。南京戦では多くの中国人兵士が、便衣兵となって安全地帯に流入した。彼らは民間人のふりをして日本兵に近づき、いきなり発砲したり、手榴弾《しゅりゅうだん》を投げつけたりした。

このような便衣兵戦術は、戦時国際法違反である。ハーグ陸戦法規の第一章には「交戦者の資格」として「遠方から認識可能な固有の徽章《きしょう》を着用」と記されている。「交戦者の資格」を失した者は「不法な戦闘員」と見なされる旨も規定されている。

このような国際法があるにもかかわらず、南京の戦場は便衣兵だらけとなってしまった。日本側はやむなく、安全地帯内において便衣兵の摘発を開始。歩兵第七連隊で歩兵伍長を務めていた喜多留治は、当時のことを次のように振り返る。

「十四日から安全地帯へと入り、市民に紛れている便衣兵を探しました。この掃蕩戦《そうとうせん》にあたっては、連隊長から厳重に注意事項が示達されたのをよく覚えております。軍紀は非常に厳しいものでした。とくに強調されたのは、一般住民への配慮、放火、失火への注意といったことでした」

実際に入った安全地帯内の様子について、喜多はこう語る。

「非常に多くの中国人が集まっていました。人々でごった返しているという感じです。多くの南京市民がこの安全地帯に流入していたのでしょう。戦場の修羅場という雰囲気ではなかったですね。私は中国人の警官と一緒にパトロールしましたが、死体がごろごろと転がっているなんて光景は、一度も目にしていません。安全地帯の中に、いろいろな露店が出ていたのを覚えていますよ」

毎日新聞の写真記者として従軍取材していた佐藤振壽は、十五日の安全地帯内の光景として、以下のように書き記している。

〈難民区（引用者注・安全地帯）の周辺には、生活力のたくましい中国人たちが、もう露店を出している。（略）自分の畑で収穫したらしい野菜を売る者、中古の衣類を売る者、餃子入りのスープを売る者など。（略）通りかかった日本兵に「兵隊さん、餃子を食べないか、食べたらお金を払ってね」と声をかける。この兵隊は気安く歩兵銃を肩に負い直して、中国人の女が差し出したドンブリを手にした。私は箸を持って水餃子を食べだしたところを写真に撮った。このあたりでは、子供も日本兵を恐れる様子は見せなかった〉（『南京戦史資料集Ⅱ』〔偕行社刊〕）

通州虐殺の日に起きた光景と比べて、どうであろうか。通州に露店で賑《にぎ》わうような場面があっただろうか。

ただし、便衣兵と民間人を区別することは極めて難しく、なかには取り締まりが過剰になってしまった事例も確かにあった。便衣兵と疑われて連行され、銃殺されてしまった民間人もいたと伝わる。

便衣兵戦術が国際法で禁じられているのは、まさにこういった事態を回避するためであった。

十二月十六日の記録

同じ南京市内、そして同じ日であっても、部隊が違えば目にした光景もまったく異なったものとなる。以下、一例として十二月十六日に関するいくつかの記録を見ていこう。

歩兵第七連隊の通信班に属した小西與三松伍長は、十二月十六日の日記にこう記している。

〈街の辻々に、少量の品を並べた出店がズラリと並ぶ。野菜、揚げ物、万頭、古着を並べた店が多く、散髪屋に靴直しなども居て、どの店もはやっている。銀色の大きなボタンの制服を着た男が、愛嬌のある挙手の敬礼をした。自警団か消防手だろう。行き交う難民には笑顔が多く、惨たる街の中に小さな平和を感じた〉

陸軍報道部長の馬淵逸雄が記した『報道戦線』には、同じく十二月十六日の風景として以下のように綴られている。

〈南京は相当痛められて居るだろうという印象を得て居たが、市内目貫の建物が悉《ことごと》く厳存して居るのを見て、聊《いささ》か意外の感に打たれた。（略）市内の太平路や市外の下関《シャーカン》等には火災がなお続いて居たが、これ等は敗残兵の放火退却の結果であった〉（ルビは引用者による）

中国軍は戦場となった街から撤退する際、火を放ってから逃げる「清野《せいや》作戦」を常としていたが、これは南京戦でも同様であった。

一方、南京第二碇泊場司令部に属した梶谷健郎騎兵軍曹の陣中日記にはこうある。

〈十二月十六日　晴
二番桟橋にて約七名の敗残兵を発見、之を射殺す。十五歳位の子供も居れり。死体は無数に

ありて名状すべからざるものあり〉
いずれも貴重な生の証言である。南京に様々な光景があったことを的確に認識していく必要がある。

幕府山の捕虜

十二月十六日の光景をもう一つ記しておこう。

南京城外の北方に位置する幕府山には大規模な捕虜収容所が設けられていたが、想定を上回る大量の捕虜が発生したため、現場は混乱していた。

そんななか、同収容所で火災が起こったのは、十六日の昼頃であった。

原因は捕虜による放火だった。収容所を管理していた歩兵第六十五連隊は懸命の消火活動に努めたが、この騒動に乗じて多くの捕虜が脱走した。

このような事態に対し、同連隊は放火に関連したと思われる者の処刑を決断。同日夕方、容疑者たちを揚子江の河畔に連行し、射殺した。

それでも収容所には、まだ二〇〇〇人ほどの捕虜が残っていた。

同収容所ではかねてより、捕虜に配給する食糧の不足にも悩まされていた。そこで歩兵第百三旅団長・山田栴二陸軍少将と歩兵第六十五連隊長・両角業作《もろずみぎょうさく》陸軍大佐は、捕虜の処遇について議論。周囲からは「全員処刑」を促す声もあがったが、二人は「秘密裏に捕虜を解放する」ことを決断した。

二人の計画は「深夜に残りの捕虜を幕府山北側の揚子江岸に集め、船で対岸まで送致する」というものだった。「揚子江を渡らせてしまえば、わざわざ戻ってきてゲリラになることもないだろう」というのが二人の考えだった。

作戦は十七日の深夜に決行されることになった。捕虜はいくつかの集団に分けられ、まずは揚子江岸まで移動。その後、船による往復が始まる予定だった。

捕虜を乗せた最初の船は、静かに岸を離れ、対岸を目指した。

しかし、河の中ほどまで差し掛かった折、これを「日本軍の渡河作戦」と誤認した対岸の中国軍が一斉に攻撃を開始。現場は交戦状態に陥った。

さらに悪いことに、次の船を待っていた捕虜たちが、この銃声を「日本軍が船上で捕虜を銃殺している」と勘違いした。

捕虜たちは逃亡しようと暴れ始めた。日本側もそれを制止しようとして発砲。しかし、多くの捕虜が逃走した。

山田少将と両角大佐の計画は、こうして挫折した。

逃走に成功した捕虜たちは、
「日本軍が捕虜を虐殺した」
と周囲の者たちに伝えた。

軍紀と治安

これまでに述べてきた通り、南京戦を戦った日本軍には厳しい軍紀が示達されていた。しかし、戦場の悪弊である軍紀違反を根絶することはできなかった。

最も多かったのが自動車や家具の掠奪だった。参謀副長だった上野利道の十二月二十七日の日記にはこう記されている。

〈南京市内ニ在ル学術的貴重品、ダンダン獲物ヲ漁ル無智ノ兵等ノ為メ破壊サレントス（略）第二課ニ所用ノ処置ヲ採ラシム〉

ただし、掠奪事件に関しては様々な側面があった。『ニューヨーク・タイムズ』（一九三八年一月四日付）には、「元支那軍将校が避難民の中に。南京の犯罪を日本軍のせいに。――大佐一味が白状」と題された次のような記事が掲載されている。

〈この元将校たち（引用者注・中国軍の便衣兵たち）は南京で掠奪したことと、ある晩などは避難民キャンプから少女たちを暗闇に引きずり込んで、その翌日には日本兵が襲った風にしたことを、アメリカ人たちや他の外国人たちのいる前で自白した〉（『「南京虐殺」の徹底検証』〔東中野修道著　展転社刊〕）

もっとも、日本軍兵士による強姦事件は実際に発生している。容疑者の予備中尉は軍法会議の結果、禁固刑に処されて旅順の陸軍刑務所に移送された。

このような忌むべき事例を看過することはもちろんできないが、だからと言ってこれらの軍紀違反がのちに中国側が主張する「三十万人虐殺」や「組織的集団強姦」を意味するものではないことも明らかである。

年が明けた昭和十三（一九三八）年一月一日からは、住民の代表による自治委員会が発足。住民には「安居ノ證」という証明書が日本側から発行された。これにより、便衣兵対策としての「兵民分離」は大きく進展。街の治安は着実に回復していった。

一時は退避していたアメリカやイギリスの領事たちも、昭和十三年の初頭には相次いで南京市内に戻っている。

しかし、南京戦が終わっても、戦争自体は終わらなかった。「南京を占領すれば戦争は終わる」という日本側の想定は完全に崩壊した。

黄河決壊事件

南京戦以降も、日本軍は中国各地で進軍を続けた。

山西省の太原《たいげん》から同蒲《どうほ》線沿いに兵を進めていた部隊は、黄河の北岸まで到達。一方、京漢《けいかん》線沿いに河南省北部の彰徳《しょうとく》まで達していた部隊は、昭和十三（一九三八）年の二月から三月にかけて、陽武や孟県といった黄河北岸に近い小都市を次々と占領した。

それでも蔣介石は「徹底抗戦」を唱えた。毛沢東も「持久戦論」を掲げた。短期戦を想定していた日本は、解決の糸口の見えない泥沼の長期戦に苦慮していた。

中国側の戦意喪失による「早期和平」を狙う日本は、四月から徐州作戦を開始。五月十九日、徐州の制圧に成功した日本軍は、さらに二十四日に蘭封《らんほう》、六月六日に河南省の省都である開封《かいほう》をも占領した。

開封の西方、約六十キロの鄭州から五百キロほど南下すれば漢口である。当時、国民政府の首都機能は南京から漢口、そして重慶へと移されていたが、政府や軍関係の機関の大部分は漢口に残されていた。

そんななかで中国側は、漢口への日本軍の進軍を阻止するため、一大作戦に着手した。それは黄河の堤防を破壊し、大規模な洪水を人為的に起こして日本軍を「水攻め」にしようという未曽有《みぞう》の構想であった。

堤防の爆破は、六月上旬から複数回にわたって行われた。「黄河決壊事件」の勃発である。黄河の濁流が一気に平原へと流れ始めた。中国側のこの戦いぶりに日本側は驚愕《きょうがく》した。この浸水により、日本軍の一部は孤立。中国側の目論見通り、巨大な水の流れが日本軍の進撃を止めた。

この時、黄河の沿岸にいた陸軍兵士の安部勝雄は、家族宛ての手紙の中にこう記している。

〈既に新聞紙上に載った事だろうと思って居りますが、黄河の河水を利用して日本軍を水攻めし様と黄河の川堤をさいて丘に流し出しました。河より丘の方が低いから手が付けられません。工兵隊も手をつけかねて、見ているより外無き状態でしたが、迷惑したのは日本軍より支那民衆で家は沈む、畑は湖と化して右往左往の状態でした〉

中国側はこの作戦に際し、住民を事前に避難させるような対処はほとんど実行しなかった。日本軍への情報の漏洩《ろうえい》を恐れ、大半の住民に知らせることなく、この作戦に及んだのである。一番の被害者は住民であった。

中国国民党軍の黄河堤防爆破で起きた大洪水の避難民の救出にあたる岩倉工兵隊の鉄舟。中国河南省開封城外三里・韓荘鎮付近（朝日新聞社／時事通信フォト）

日本軍による救助活動

この甚大なる人災に対し、日本軍は住民への大規模な救助活動を行った。

堤防の修理に部隊を出動させ、住民保護のために百数十艘《そう》もの筏船を出して救助活動にあたった。

さらに日本軍は航空機から麻袋を投下。土嚢《どのう》をつくり、住民と共に防水作業に尽力した。アメリカの『ブルックリン・デーリー・イーグル』紙は「日本軍が必死の救助活動をしている」と伝えている（六月十六日付）。

一方、中国側は「堤防を破壊したのは日本軍」と発表。中国各紙は「日本の空爆によって堤防が決壊」「日本軍の暴挙」などと煽り立てた。さらに中国軍は、救助活動中の日本軍をも攻撃した。

浸水はその後、さらに広範囲にまで拡大。日本軍は航空機を使い、補給や援助のための物資の投下も実施した。

このような中国側の一大作戦だったが、日本軍の将兵にはほぼ犠牲者は出なかったとされる。この決壊によって引き起こされた洪水の被害規模については諸説あるが、概して十一の都市と四〇〇〇もの村々が水没し、数十万から百万人前後の水死者が出たとされる。『岩波現代中国辞典』によれば、被災地区は五万四〇〇〇平方キロ、被災者は約一二五〇万人、死者・行方不明者は約八十九万人とされる。

この黄河決壊事件は「史上最大の環境破壊事件」とも呼ばれている。

黄河の流れが変わったことにより、それまで豊かな農作地だった地域が乾燥した荒地に変わってしまったという事例も発生した。住民たちはその後も数年にわたって様々な被害に苦しみ、多くの困窮者と餓死者が出たと言われている。

第三章　オトポール事件

樋口季一郎《ひぐちきいちろう》によるユダヤ人救出劇

「日本のシンドラー」と言えば、杉原千畝《すぎはらちうね》が有名である。

昭和十五（一九四〇）年、リトアニア駐在の外交官だった杉原は、ナチスドイツの迫害から逃れてきた約六〇〇〇人ものユダヤ難民に対して特別ビザを発給。多くの命を救ったとされる。杉原の功績は「命のビザ」という言葉とともに広く語り継がれている。

しかし、「日本のシンドラー」はじつはもう一人いた。その人物とは「オトポール事件」を主導した陸軍軍人・樋口季一郎である。

オトポール事件が起きたのは、昭和十三（一九三八）年。つまり、杉原の「命のビザ」より二年も前の話ということになる。

すなわち、日本人が実行した最初のユダヤ人救出劇がオトポール事件であった。

＊

樋口は明治二十一（一八八八）年八月二十日、淡路島の南端に位置する阿万村《あまむら》という小さな漁村で生まれた。

旧姓を「奥濱」という。樋口姓となるのは、父方の叔父にあたる樋口勇次の養子となって以降のことである。

実父は淡路島で大規模な廻船問屋を営んでいたが、樋口が幼少の頃に事業が衰退。一家は一転して困窮した生活を送るようになった。

そんななか、小さな頃から成績優秀だった樋口は、島内の三原尋常高等小学校を経て、兵庫県中部の篠山町《ささやまちょう》にある旧藩校の鳳鳴《ほうめい》義塾（現・兵庫県立篠山鳳鳴高等学校）に進学。その後、陸軍軍人の道を志し、大阪陸軍地方幼年学校、東京の中央幼年学校へと進んだ。

同期生には、のちに「陸軍の異端児」と呼ばれる石原莞爾《いしわらかんじ》がいた。二人は生涯にわたる友情を培ったが、「天才型」の石原に対し、樋口は「秀才型」であったとされる。

1942年の樋口季一郎陸軍中将
（朝日新聞社／時事通信フォト）

明治四十（一九〇七）年十二月、樋口は石原とともに陸軍士官学校（陸士）に入校。将校を養成するための専門機関である陸士において、二人は互いに刺激を与え合いながら研鑽《けんさん》を積んだ。

その後に進んだ陸軍大学校（陸大）では、主にロシア問題を研究。当時の陸軍にとって、ロシアは第一の仮想敵国だった。

樋口の陸大在学中には、レーニンによる社会主義革命が勃発。日本は新たに生まれた「ソ連」の動向に対し、より緊張感を強めざるをえなくなった。

陸大を卒業した樋口は、ロシアに対するインテリジェンスの道を歩んだ。いわゆる「情報将校」として、樋口はウラジオストク特務機関員やハバロフスク特務機関長などを歴任。特務機関とは、諜報や情報収集、宣撫《せんぶ》工作などを行う組織のことである。

ちなみに、ウラジオストク滞在中の樋口は、ユダヤ人の私邸で暮らしていたという。このことが、のちにユダヤ人問題に関心を強める要因の端緒となった可能性は十分に考えられる。

樋口はその後、朝鮮軍参謀などを経て、大正十四（一九二五）年にはポーランド公使館付武官を拝命。ポーランドでの生活は約三年間に及び、樋口はそこで最新のヨーロッパ情勢について学んだ。加えて、ヨーロッパにおけるユダヤ人問題の深刻さへの認識も深めた。

樋口は音楽への関心も高く、社交ダンスを学んでたちまち上達し、社交界で話題になったこともあったという。在ワルシャワのイギリス大使館で仮面舞踏会が催された際には、武士の格好で登場し、会場を大いに沸かせたとされる。

樋口とは、そんな人間味豊かな一面を持つ人物であった。

ナチスドイツを非難するスピーチ

ポーランドから帰国した樋口は、東京警備司令部参謀や福山歩兵第四十一連隊長などを歴任。満洲のハルビン特務機関長に就任したのは、昭和十二（一九三七）年八月のことである。

同年十二月には、ハルビン市内の商工クラブで、第一回となる極東ユダヤ人大会が開催されることになった。これはユダヤ人への弾圧を強めるナチスドイツを糾弾《きゅうだん》する内容の大会であった。

ハルビンは歴史的に多くのユダヤ人が暮らす街であるが、樋口はハルビン・ユダヤ協会（のちの極東ユダヤ人協会）の会長であるアブラハム・カウフマンから開催の要請を受け、これを許可した。ハルビン市内で総合病院を営む内科医のカウフマンは、アジア地域におけるユダヤ人解放運動の実力者であり、大の親日家でもあった。

しかし、当時の日本はドイツと防共協定を結ぶなど、親独の路線を歩んでいた。そんな状況下で、ユダヤ人の集会に許可を与えた樋口には、各方面から批判の声が寄せられた。

しかも樋口は開催許可を与えただけでなく、来賓としてこの大会に参列し、さらにスピーチまで行った。壇上に立った樋口は、以下のように語ったという。

〈諸君、ユダヤ人諸君は、お気の毒にも世界何《いず》れの場所においても「祖国なる土」を持たぬ。

如何に無能なる少数民族も、いやしくも民族たる限り、何ほどかの土を持っている。ユダヤ人は、その科学、芸術、産業の分野において他の如何なる民族に比し、劣ることなき才能と天分を持っていることは歴史がそれを立証している。（略）ある一国は、好ましからざる分子として、法律上同胞であるべき人々を追放するという。それを何処へ追放せんとするか。追放せんとするならば、その行先を明示しあらかじめそれを準備すべきである。当然の処置を講ぜずしての追放は、刃《やいば》を加えざる虐殺に等しい。私は個人として心からかかる行為をにくむ。ユダヤ追放の前に彼らに土地すなわち祖国を与えよ〉（『陸軍中将　樋口季一郎回想録』〔樋口季一郎著　芙蓉書房出版刊〕ルビは引用者による）

ユダヤ人の聴衆からは大歓声があがった。

以下は余談であるが、この大会時に樋口の護衛役を務めていたのが、のちに実業家として太東貿易（現・タイトー）を創業することになるミハエル・コーガンである。

新聞紙上での発言

ナチスを公然と批判した樋口のもとには、さらに多くの批判が集まった。当時の陸軍内の主流も親独であった。しかし、樋口はそういった声を一蹴した。

昭和十三（一九三八）年一月十一日付『ハルビン新聞』には、樋口のインタビュー記事が掲載されている。編集局側から「極東ユダヤ人大会の開催で日独関係を悪化させるリスクを考えなかったのか」と問われた樋口は、こう答えている。

〈どうして日独関係の悪化の原因になるのですか、我々が極東に滞在するユダヤ人に接して善意を示すことが。日本と満州帝国に対しては誠実に生活している彼らですよ。正確に言えば、この二国との誠実な関係です。日独の友好関係の基本とは、コミンテルンに対する闘いじゃないですか。そこでは民族やいわんや日独に関係なくすべての反政府分子に対しては厳格な措置を執らなければならないが、思想穏健なるものに対しては友情の手を差し伸べなければなりません。私はこれこそ日本精神だと思うし、ドイツ民族主義の精神だと思います〉

続けて樋口は次のように語っている。

〈私はただ、日本精神から出る我々の真の同情を話したにすぎません。キリストは「何人《なんぴと》たりとも愛せよ、たとえ汝の敵たりとも」と教えているではありませんか。このキリストの言葉がまさに日本精神と一致するのです。仏教の教えでも、ある賢人、不軽菩薩《ふきょうぼさつ》（万人を仏と崇めた）と呼ばれるが、何人たろうとも人に対しては、たとえ敵であろうとも崇めるという自分のプリンシプルを持っておられました〉

ユダヤ難民の出現

昭和十三年三月八日、樋口のもとに一つの重要な情報がもたらされた。「満洲里駅（満洲領の始発駅）の対岸に位置するソ連領・オトポールに、ユダヤ人の難民が姿を現した」という一報である。

ナチスの弾圧から逃れるためにドイツなどから退避したユダヤ難民は当初、ポーランドを目指した。しかし、ポーランド政府はナチスの顔色を窺《うかが》い、受け入れに難色を示した。難民たちは次にソ連に向かった。当初、ソ連政府は「シベリアでの労働力」として、彼らの入国を許可した。ソ連には「ビロビジャン」と呼ばれるユダヤ人入植地が設けられていた。

しかし、都市生活者が大半のユダヤ人がシベリア開拓の労働力として計算できないとわかると、ソ連政府は難民の受け入れを一転して拒否。すでにシベリアで生活していたユダヤ人の多くも追放された。

こうして行き先を失ったユダヤ難民が押し寄せた先が、満洲国だったのである。シベリア鉄道のザバイカル線で退避してきた難民たちは、ソ連内の終着駅であるオトポールまでたどり着いたが、満洲国外交部が入国を拒んでいるために、次の満洲里に入ることができず、立ち往生していた。彼らは原野にテントを張って入国を求めているような状況だったが、三月といえども当地の気候は厳しく、すでに凍死者も出始めていた。

満洲国外交部も、ドイツや日本の顔色を窺っていた。ビザが発給される気配は一向になかった。

そのような報告を受けた樋口は、ビザ発給の可否を深慮した。満洲国はあくまでも独立国であり、樋口は本来、ビザ発給の決定に直接的に関わる立場にはなかった。しかし、実際には関東軍は満洲国の施政全般に対する一定の指導権を有しており、樋口も「内面指導」というかたちで介入することは十分に可能だった。

カウフマンからも難民救助を切々と訴えられた。しかし、ユダヤ人大会への参列一つでさえ問題視されるような状況下において、ドイツの国策に明らかに反するような態度を鮮明にすることは容易ではなかった。

難民に特別ビザを発給

だが、樋口が最終的に下した決断は、「臨時の特別ビザを発給するよう、満洲国外交部に働きかける」ことであった。樋口はこの時の心境を、戦後にこう書き記している。

〈ヒットラーのユダヤ追放に反撃を加えたのは、純粋に私の人道的公憤に基づくものであったが、私は日露戦争末期におけるアメリカユダヤの対日協力に思いを致し、いつか必ずユダヤ人との交渉のあるべきを予察し、いささかその道をつけ置くを必要と考えたものであり、これを極東において対ユダヤ関係の緊密化を切望したのであった〉（『陸軍中将　樋口季一郎回想録』）

樋口の孫にあたる明治学院大学名誉教授の樋口隆一はこう語る。

「祖父がこんなことを話していたのを覚えています。『自分がヨーロッパに滞在していた当時、有色人種たる日本人に対する差別の目が歴然と存在していた。日本人が下宿を貸してもらえないなんて話は山ほどあった。そんななかで、日本人に家を貸してくれたのは十中八九、ユダヤ人だった。日本人はユダヤ人に非常に世話になっていたんだよ』と」

さらに樋口の決断理由を推し量るならば、「日本精神」という言葉も無視できないであろう。樋口は先に紹介した『ハルビン新聞』のインタビュー記事の中で、極東ユダヤ人大会の開催理由を「日本精神」という言葉を用いて説明している。ビザ発給に関する決断においても、同様の思いがあったのではないか。

日本精神とは現在ではあまり聞かれない言葉だが、かつて日本が統治した台湾では今も大切に受け継がれている表現である。日本精神とは勤勉、正直、誠実、公正、責任感といった意味を表しているとされる。オトポール事件の土壌《どじょう》にあったのは、このような価値観ではないだろうか。

樋口はまず満洲国外交部ハルビン駐在員の下村信貞と協議を開始。下村は早速、外交上の手続きに奔走《ほんそう》した。また、樋口はカウフマンとも連絡を取り合い、食糧や衣服の手配など、受け入れ態勢を整えた。

さらに、樋口とは陸士時代の同期生である安江仙弘《やすえのりひろ》が、各方面との実務的なやりとりを進めた。パレスチナへの渡航経験を持つ安江は、陸軍内で「ユダヤ通」として知られていた。

樋口は難民救済への準備を着実に進めた。それは自身の失脚を覚悟しての行動であった。樋口の四女である智恵子は、当時まだ四歳だったが、こんな記憶を有しているという。

「母が『お父様がクビになる。日本に帰ることになるかもしれない』などと口にしながら、荷物を整理していた姿を覚えています。今から思えば、その頃がユダヤ難民の事件が起きていた時だったのかもしれません。その時の私は詳しいことは何もわかっていませんでした。私が救出劇のことを知ったのは、戦後ずっと経ってからのことです」

樋口は満鉄総裁の松岡洋右《まつおかようすけ》とも交渉し、難民を移送するための特別列車の運行を要請した。松岡と言えば、のちに外務大臣として日独伊三国軍事同盟の締結に中心的な役割を担い、敗戦後には東京裁判によって「A級戦犯」の汚名を着せられることになる人物である。

そんな松岡が、樋口の要請を聞き、それを受け入れた。松岡は難民救出のため、各方面に指示を出した。松岡は特別列車による満洲国への入国と移動を認め、運賃も無料とした。

結局、難民たちには「五日間の満洲国滞在ビザ」が発給されることになった。

三月十二日の夕刻、ハルビン駅に特別列車が到着。難民たちは近隣の商工クラブや学校などへ速やかに収容された。

アブラハム・カウフマンの息子であるテオドル・カウフマンは、この難民救出劇を現地で目撃していたが、彼は樋口についてこう書き記している。

〈樋口は世界で最も公正な人物の一人であり、ユダヤ人にとって真の友人であったと考えている〉（『The Jews of Harbin Live on in My Heart』）

ヒグチ・ルートの継続

難民の多くはその後、大連や上海を経由してアメリカなどへ渡って行ったが、なかには開拓農民として許可を得てハルビンの周辺に入植した者たちもいた。樋口はこれら入植者のために、土地や住居の斡旋など、できる限りの便宜を図ったとされる。

しかし後日、このオトポール事件に関し、ドイツ外相のリッペントロップからオットー駐日大使を通じて、日本側に抗議が伝えられた。関東軍内でも樋口に対する批判が巻き起こった。

樋口は当時の関東軍司令官である植田謙吉陸軍大将に、自身の所信をしたためた以下のような書簡を送った。

〈小官は小官のとった行為を、けっして間違ったものでないと信じるものです。満州国は日本の属国でもないし、いわんやドイツの属国でもない筈《はず》である。法治国家として、当然とるべきことをしたにすぎない。たとえドイツが日本の盟邦であり、ユダヤ民族抹殺がドイツの国策であっても、人道に反するドイツの処置に屈するわけにはいかない〉（『日本』昭和四十七年新春特大号　ルビは引用者による）

樋口は満洲国の首都・新京（現・長春）にある関東軍司令部への出頭を命じられた。樋口に事態の説明を求めたのは、時の関東軍参謀長・東條英機であった。

樋口は東條に対し、次のように言い放った。

「参謀長、ヒットラーのお先棒を担いで弱い者いじめすることを正しいと思われますか」

東條は樋口の述べる主張に理解を示した。東條は「当然の人道上の配慮」として、樋口を不問に付した。樋口はこうして失脚を免れた。

以降、樋口が開いた「ヒグチ・ルート」は、一九四一年六月の独ソ戦勃発まで使用された。一説には延べ約二万人ものユダヤ人が救出されたとも言われるが、この数字の信憑性については疑問も残る。

現地で列車の手配などを担当した東亜旅行社（現・ＪＴＢ）の記録簿「満州里出入欧亜連絡

旅客国籍別一覧表」を確認すると、一九三八年にドイツから満洲里を通って満洲国に入国した者は二百四十五名、一九三九年は五百五十一名、一九四〇年は三五七四名と記録されている。この数字の中に多くのユダヤ難民が含まれていたことは間違いないが、その割合の推計は困難である。ＪＴＢ発行の『観光文化』(別冊)には、次のような証言が掲載されている。

〈一九三九年から四〇年にかけて案内所主任(所長)松井繁松(一九三五〜七三在職)の回想によると、週二回の欧亜連絡列車が着くたびに、二〇人、三〇人とユダヤ人が集団で案内所へ押しかけ、四人の所員だけでは手が廻らず、手配・発券に忙殺された〉

現在、「二万人」という数字は、主にイスラエル側が用いる数字となっている。

ゴールデンブックへの記載

戦後、オトポール事件が広く語り継がれることはなかった。それは樋口自身がこの事件についてほとんど口を閉ざしたことが最大の理由であるが、加えて彼が「軍人」であった点もその背景に存在するであろう。「外交官」だった杉原に対し、樋口は陸軍軍人であった。戦後社会において軍、とくに陸軍への批判が強烈に増すなか、「軍人の功績」は一種のタブーと化した。オトポール事件はこうして「昭和史の隠れた事件」となった。

ヘブライ大学名誉教授のベン・アミー・シロニーは、樋口に関心を寄せるユダヤ人学者の一人である。シロニーは樋口についてこう語る。

「当時はドイツだけでなく、じつはアメリカやイギリスも、ユダヤ人に対して非常に冷たい態度を貫いていました。そんななか、日本はドイツと関係を強めていたにもかかわらず、ユダヤ人に対して比較的、公正な対応をしていました。樋口季一郎という存在も、そんな潮流のなかで捉えることができます。樋口という人物がいたことを、日本人はもっと知っていていいと思います」

イスラエルにあるゴールデンブックの表紙（著者撮影）

イスラエルのエルサレムに本拠地を置くＪＮＦ（ユダヤ民族基金）が管理する「ゴールデンブック」には、樋口の名前が記載されている。現地で実物を確認したところ、確かに「ＧＥＮＥＲＡＬ　ＨＩＧＵＣＨＩ」の文字が、第六巻、四〇二六番目の欄にしっかりと刻まれていた。樋口の名前の下には、カウフマンと安江仙弘の名前もあった。

日本国内の一部では「ゴールデンブックはイスラエルで最高の栄誉」などと言われているが、これは間違いである。ゴールデンブックはJNFに対する献金記帳簿のことである。同事務所の女性職員であるエフラット・ベンベニスティはこう話す。

「この献金名簿には、献金者が自らの名前を記す場合のほかに、お世話になった方や恩人の名前で献金を施すケースも少なくありません。ですから、この記録から判断すると、極東ユダヤ人協会がお世話になった三人の名前で当基金に献金をしたのだと思います。ヒグチが自ら献金したわけではないようですね」

ベンベニスティは、樋口のことを「ユダヤ人を救った恩人」「勇気と親切の気持ちを持っていた偉大な人」と表現したうえでこう付け加えた。

「正直に言って、イスラエルで有名なのはスギハラのほうです。私たちJNFのスタッフはヒグチのことをよく知っていますが、多くのイスラエル国民は彼の存在を知りません。しかし、ヒグチのこともしっかりと語り継いでいかなければいけませんね。ヒグチの功績もスギハラと変わらぬ素晴らしいものなのですから」

イスラエルのアミカームという村に住むユダヤ人のクララ・シュバルツベルグは、戦時中、満洲の大連で暮らしていた。クララは「ヒグチ・ビザ」で救出された多くのユダヤ難民の姿を目撃した経験があるという。

「一九三九年か、四〇年の春だったと思います。ロシアからシベリア鉄道で大連まで来たというユダヤ人の一団と出会いました。本当は上海へ行きたかったが、船がなく鉄道で来たという人たちでした。皆、とても疲れた顔をしていたのを覚えています」

時期や場所から推理すると、ヒグチ・ルートを通ってハルビンまで来て、そこから大連に到着した難民だと考えられる。クララはこう語る。

「ヒグチは偉大な人物です。私たちは心から感謝しています。彼の存在を決して忘れません。日本人はヒグチのことをあまり知らないのですか？　それは本当ですか？　日本人は学校で何を習っているのですか？」

第四章　ノモンハン事件

明らかになってきた実像

「ノモンハン事件」という呼称は、一般的によく知られる言葉となっている。しかし、その実像に関しては、意外と不明な部分があるのではないか。

かつては「日本軍の大敗」という言葉で簡単に片付けられることの多かったノモンハン事件だが、近年の研究によればこの戦闘における日本側の死傷者は約二万人、一方のソ連側の死傷者は日本側を上回る約二万五〇〇〇人に達するとされる。ソ連軍の最高司令官だったゲオルギー・ジューコフは、スターリンに対して次のように報告している。

〈「われわれとハルハ川で戦った日本兵はよく訓練されている。とくに接近戦闘でそうです」と私は答え、さらに「彼らは戦闘に規律をもち、真剣で頑強、とくに防御戦に強いと思います。若い指揮官たちは極めてよく訓練され、狂信的な頑強さで戦います。若い指揮官は決ったように捕虜として降らず、『腹切り』をちゅうちょしません」〉（『ジューコフ元帥回想録』〔ゲ・カ・ジューコフ著　清川勇吉他訳　朝日新聞社刊〕）

のちの独ソ戦を経て「英雄」と称されるようになるジューコフは、こうも語っている。

「自分の軍歴で最も苦しかったのは独ソ戦ではなく、ノモンハンでの日本軍との戦いだった」

ノモンハン事件に関する新たな資料の発掘が続くなか、これまでの認識だけでは語れない戦

鹵獲《ろかく》したソ連・モンゴル軍のBT戦車の上で万歳を叫ぶ日本軍兵士たち。牽引するためにワイヤーで繋がれている。1939年7月13日撮影（朝日新聞社／時事通信フォト）

いの側面が明らかになってきている。以下、兵士たちの証言をもとにしながら、事件の概要をわかりやすく記述していきたい。

＊

昭和十四（一九三九）年五月十一日、満洲国とモンゴル人民共和国が接する国境地帯で武力衝突が勃発した。「ノモンハン」と呼ばれる地域である。

以降、国境線を巡って、満洲国の後ろ盾である日本軍と、モンゴルを衛星国とするソ連軍の戦闘が拡大していった。当時のモンゴルは社会主義国であり、ソ連とは同盟関係にあった。

広大な草原と砂地が広がるこの国境地帯では、それまでにも小さな衝突が何度も繰り返されていた。

日本側はハルハ河を国境線として規定していた。ハルハ河の東側が満洲国、西側がモンゴルという認識である。しかし、ソ連はハルハ河より東方に約二十キロも入ったラインを国境として主張した。

ソ連軍の支援を受けるモンゴル軍は、ハルハ河を何度も越えてくる。日本側はこの「国境侵犯」を深く憂慮していた。

こうして迎えた五月十一日、六十名ほどのモンゴル兵がまたハルハ河を越えて進出してきた。事ここに至り、日本側はついに大規模な迎撃戦に踏み切る決意をした。

これがノモンハン事件の発端である。

従来、この地域の警備は満洲国の国境警備部隊が担っていたが、現状に業を煮やした日本軍の第二十三師団は、司令部のあるハイラル（海拉爾）から約二百名の部隊を当地に派遣。前年に編成されたばかりの第二十三師団の師団長は、小松原道太郎陸軍中将である。

こうして始まった戦闘において、東八百蔵《あずまやおぞう》中佐が指揮する支隊（東捜索隊）が、モンゴル軍をハルハ河の西岸まで退却させることに成功。「捜索隊」とは元々は敵情の視察などを担当する先遣部隊のことだが、先鋒となって攻撃を行う役割も担っていた。

十七日、東捜索隊は早々にハイラルに帰還。事件はこれで終結したかに見えた。

しかし、事態はこれで収まらなかった。今度はモンゴル軍とともにソ連軍がハルハ河東岸に侵入してきたのである。ソ連正規軍の投入により、事件の拡大は不可避となった。

十八日には、ソ連軍の偵察機がハルハ河東岸の上空を飛行。日本軍もハイラルの飛行第二十四戦隊をカンジュルの飛行場まで前進させた。

二十一日、山県武光大佐を指揮官とする二〇〇〇人ほどの支隊が新たに編成された。帰還したばかりの東捜索隊もこれに加わった。

山県支隊にはすぐに出動命令が発令された。

山県支隊はとりあえず、カンジュルまで前進した。

大規模な戦闘への拡大

ノモンハン事件の実態を見れば、これは明らかに「戦争」である。しかし、日ソ双方とも正式な宣戦布告をしなかったことから「事件」と呼ばれている。「事件」にはこういったかたちもある。

ソ連の最高指導者であるスターリンは、レーニン亡きあと、ソ連の実権を掌握し、国内で約百万人もの犠牲者を出した「大粛清」を断行するなど、独裁者として暴走を始めていた。

そんなスターリンは、日本に対して一貫して敵対的だった。スターリンの脳裏には常に「日露戦争の復讐」という思いがあったとされる。

一方の日本側はすでに日中戦争下にあり、新たな戦線の拡大は望んでいなかった。中国各地で優位に戦闘を進めていた日本軍だったが、その負担は重くのしかかっていた。

二十八日未明、ハルハ河東岸に侵入しているソ連・モンゴル軍を壊滅させるための新たな作戦が実行に移された。先陣を切ったのは、再び東捜索隊である。激しい白兵戦が勃発した。

一帯にはとくに人家などがあるわけでもない。遮蔽物《しゃへいぶつ》がほぼないため、両軍ともに塹壕《ざんごう》を掘り、それらを縦横に伸ばしていった。

上空では両軍機による空中戦も始まったが、搭乗員の練度は日本軍がソ連空軍を圧倒した。制空権を確保したのは日本軍だった。

ソ連・モンゴル軍は戦車を投入。対する日本軍は、歩兵中心の軽装備だった。日本兵が主に所有していたのは三八式歩兵銃である。名前の通り、明治三十八（一九〇五）年に開発された旧式の銃であった。

それでも日本兵の奮闘は凄まじく、山県支隊の主力は第一線を突破。だがその後、ソ連・モンゴル軍の猛反撃に遭い、進軍は停滞した。その結果、東捜索隊は敵中深くで孤立。戦車を有していない東捜索隊は、圧倒的な敵の火力に晒されて苦戦に陥った。

東捜索隊は山県支隊の本部に救援要請を出したが、無線の不調や伝令の失敗などにより、情報がうまく伝わらなかった。その結果、救援部隊として東捜索隊と合流できたのは、浅田忠義少尉率いる小隊のみであった。

二十九日、ソ連・モンゴル軍の大規模な砲撃により、東捜索隊と浅田小隊は壊滅的な打撃を蒙った。最期の時と見定めた東は浅田に対し、支隊本部に戻るよう指示。しかし、浅田はこれを拒否し、最後まで戦う道を選んだ。

午後六時過ぎ、東は二十名ほどの残存兵とともに、敵軍に向かって最後の突撃を敢行。東はノモンハンの大地に斃《たお》れた。浅田小隊もこれに続き、浅田も東と同じ運命を辿った。

結局、山県支隊はハイラルまで退却。ハルハ河東岸はソ連・モンゴル軍に制圧されるかたちとなった。

これが「第一次ノモンハン事件」と呼ばれる戦闘の概要である。

辻政信少佐の登場

そんな戦況において、関東軍司令部から参謀として派遣されたのが辻政信少佐であった。

明治三十五（一九〇二）年十月十一日、石川県江沼《えぬま》郡で生まれた辻は、名古屋陸軍地方幼年学校を首席で卒業。陸軍中央幼年学校を経て、陸軍士官学校に入校した。陸士も首席で卒業し、陸軍大学校に進んだ。

その後、参謀本部付や陸士本科の生徒隊中隊長などを歴任。昭和十一（一九三六）年四月、関東軍参謀部付となった。支那事変勃発後は「戦線拡大」を主張。石原莞爾を「導師」と呼んで崇拝したという。

以後、北支那方面軍参謀を経て、関東軍作戦参謀を拝命した。

辻はノモンハンに着いて早々、戦場に放置されていたソ連・モンゴル軍の軽装甲車を発見。黒焦げになった車両内には、敵兵の遺体があった。その時のことを辻はこう記している。

〈どうして飛び出さなかったのだろうか。と、恐いもの見たさに覗いて見ると、屍体の両足首に太い鉄鎖を巻きつけて車体に縛られている。なるほど、これなら逃げ出す余裕はない。外蒙兵（引用者注・モンゴル兵）が、ソ連戦車に鉄鎖で縛りつけられながら民族解放のかけ声の下に、こうして日本との戦争に駆り立てられているのである〉（『ノモンハン』〔亜東書房刊〕）

ソ連・モンゴル軍の実態が窺える貴重な証言の一つである。

その後、辻はこのノモンハン事件において、中心的な役割を担っていくことになる。

第二次ノモンハン事件の勃発

以後、日本軍は大規模な反撃戦を控えた。日本側はこの紛争が全面戦争に拡大する事態を回避したかった。

しかし、山県支隊の後退を確認したソ連軍は、ハルハ河東岸にさらに派兵。六月十八日には、満洲国内への越境爆撃まで断行した。こうして「第二次ノモンハン事件」が始まった。

ソ連軍は翌十九日、満洲国内のカンジュルを空爆。その後も越境爆撃を繰り返した。日本軍が報復として反撃に出たのは二十七日。航空隊が越境し、モンゴル領のタムスク飛行場を爆撃した。

だが、この攻撃は辻の独断によって主導されたもので、東京の参謀本部の許可を得ないまま実行された作戦だった。関東軍と参謀本部の間には、大きな溝があった。

当時、日本は「満ソ国境紛争処理要項」を策定していた。辻が起草したこの要項では〈万一衝突せば、兵力の多寡、国境の如何にかかわらず必勝を期す〉と記されており、この「国境の如何にかかわらず」の文言が積極的な越境攻撃に繋がった。

この日本軍の越境爆撃に関しては、昭和天皇も深い憂慮を示された。東京では辻の更迭論も浮上したが、結局、責任は曖昧なままとなった。

その後も辻は一貫して積極論を唱えた。「不拡大と言うなら、初動で徹底的に殲滅《せんめつ》することが必要」「ソ連は日本側の譲歩で満足するような良心的な相手ではない」「ノモンハンで敵の挑発を黙視すれば、必ずや第二、第三のノモンハン事件が続発する」というのが辻の主張であった。

七月二日、日本軍はついに次なる作戦を開始。新たに戦車部隊を投入し、ハルハ河東岸に布陣する敵軍を殲滅しようという作戦であった。戦車部隊は安岡正臣陸軍中将率いる「安岡支隊」で、関東軍自慢の「精鋭戦車部隊」だった。

さらに、ハルハ河の西岸に歩兵中心の三個連隊を進入させ、両岸からソ連・モンゴル軍を挟み撃ちする作戦を採った。この三個連隊を指揮するのは小林恒一陸軍少将である。西岸への戦車部隊の投入は、橋の強度の問題から諦めざるを得なかった。

三日未明、安岡支隊の一部が夜襲を敢行。敵軍に大きな打撃を与えることに成功した。

しかし、その後はソ連軍の強力な戦車部隊や砲兵部隊が逆襲。ソ連軍も着々と戦力を増強して戦闘準備を整えていたのである。

ソ連軍は「ピアノ線」まで利用した。随所に張られたピアノ線は、日本軍の戦車のキャタピラに絡まり、自由な走行を困難にした。足止めを食らっているところに、対戦車砲の集中放火が浴びせられた。

日本側の戦車はおよそ半数が破損に追い込まれ、戦車部隊は退却を余儀なくされた。

増えていく戦死者

一方、ソ連軍を挟撃するためにハルハ河の西岸を目指す「小林支隊」は、七月三日から渡河作戦を開始。工兵隊が用意した急ごしらえの橋を渡り始めた。

大砲は分解して運び、渡河したあとにまた組み立てた。この渡河作戦に参加した第七十一連隊第二大隊機関銃中隊の三吉勝貴の手記にはこうある。

〈やっと私たちの渡河の順番が回って来た。自動車隊が弾薬、糧秣《りょうまつ》を満載して先にすっ飛んで行った。私たちは河辺を下りた。ちょうど渡河地点であった。前日の雨でハルハ河の水量は増加しているとのことであったが、愛馬に十分水を飲ませた。

ハルハ河は土色をしている。人間の飲料にはどうかと思われたが、そんなわがままは言ってはおれない。私たちも腹一杯土色の水を飲み、水筒も一杯にした〉(『人間の記録　ノモンハン戦《攻防篇》』〔御田重宝著　徳間文庫〕ルビは引用者による)

こうして渡河した部隊を待ち受けていたのは、ソ連軍の戦車部隊であった。渡河部隊は速射砲などで応戦した。

さらに日本軍は地雷を敵の戦車のキャタピラに挟み込んだり、空のサイダーの瓶にガソリンを詰めた火炎瓶を戦車の下に投げ込むなど、驚異的な戦いぶりを見せた。

それでもソ連・モンゴル軍の戦車や装甲車の数は、日本軍の予測を上回るものだった。何台炎上させても、次から次へと新たな車両が姿を現してくる。圧倒的なソ連の物量作戦の前に、日本軍は次第に苦戦に追い込まれていった。砲兵の成澤利八郎は、戦場日記にこう綴っている。

〈余りの短時間に一ヶ分隊全滅は初めてであり、幾人もの戦友を失って戦争の恐ろしさを身に沁みて知った。

個人壕の蛸壺を掘って休む。毎日の疲れと不眠で一寸眠った。母の夢、八幡神社の夢を見た。神社の御守は腰にあった。

決死隊の志願者は書き出す様命令ありしも、俺は応じなかった〉(『ノモンハン戦場日記』〔ノモンハン会編　新人物往来社刊〕)

越境部隊は結局、東岸へと戻って退却した。

その後も各地で白兵戦が続いた。日本兵たちは、亡くなった戦友の指を切って「かたみ」とした。

そんななか、東京の参謀本部は一貫して早期の紛争終結を望んでいた。繰り返しになるが、日本軍は中国との戦争下にある。ソ連との全面戦争を戦う余力はなかった。

そこで参謀本部は関東軍参謀長の磯谷廉介《いそがいれんすけ》陸軍中将を東京に出頭させ、「ノモンハン周辺からの撤退」「新たな兵力を投入しない」といった骨子の「事件処理要綱」を伝えた。参謀本部側からは参謀次長・中島鉄蔵陸軍中将のほか、作戦部長・橋本群《はしもとぐん》陸軍中将らが列席したが、そのなかには本書の第三章で紹介した樋口季一郎陸軍少将の姿もあった。オトポール事件のあと、樋口はハルビン特務機関長から参謀本部第二部長になっていたのである。

樋口もノモンハン事件の拡大には反対であった。そのため樋口は関東軍の将兵から「臆病軍人」と呼ばれたこともあったという。

しかし結局、関東軍はこの要綱を無視した。関東軍作戦参謀の辻は、参謀本部の消極的な姿勢に激怒していたという。

重砲兵部隊の投入

日本側の命令系統における齟齬《そご》が大きくなるなか、ハルハ河東岸のソ連軍はそのまま駐留を続けていた。

そんななか、日本軍は戦車部隊を後方に撤退させた。「虎の子の戦車をほかの戦場に温存するため」である。以降、日本軍はノモンハンにおいて戦車抜きで戦うことになった。

その代わりに期待されたのが、新たに戦列に加わった重砲兵部隊だった。重砲による遠距離からの砲撃によって、敵を退却させる作戦を採用したのである。九六式十五センチ榴弾砲や九二式十センチカノン砲など、強力で射程の長い大砲の投入であった。九六式十五センチ榴弾砲は一万一九〇〇メートル、九二式十センチカノン砲はじつに一万八二〇〇メートルもの最大射程を誇った。

「総攻撃」と呼称されたこの作戦は、七月二十一日から始まる予定だったが、降雨のために二十三日に延期して開始された。

日本軍の重砲兵部隊は果敢な砲撃を繰り返し、大きな戦果をあげた。しかし、ソ連・モンゴル軍の兵力は補充され続け、撃てども撃てども敵の戦力は減らなかった。結果、総攻撃三日目の二十五日、日本側の弾薬はほぼ底をついた。敵陣地に打撃を与えることはできたが、戦力の壊滅にはほど遠い状態だった。

同日、関東軍司令官・植田謙吉陸軍大将は、第二十三師団長・小笠原道太郎陸軍中将に対し、「持久戦への移行」を命じた。

以降、散発的な攻防はあるものの、戦線はしばらく膠着状態となった。その間、日本軍は塹壕を伸ばし、防御の態勢を整えた。

気候の変化にも苦しめられた。日中は酷暑でも、夜には温度が急激に下がる。第七十一連隊第一大隊の「戦闘日誌」には、七月二十九日のこととして次のように記述されている。

〈晴。水不足はいよいよにして将兵水に渇えること甚だし。（略）

敵の攻撃を見るに、敵は昼夜を分かたず突撃に際しては、「ウラー、ウラー」の喚声を約百メートルの距離よりしきりに連呼して手榴弾を投ずるを常とする〉

兵たちは蚊や虻といった虫の大群にも悩まされた。

大雨に見舞われることもあった。兵の疲弊は限界に近づいていた。衛生兵の長尾一美は、陣中日誌にこう記す。

〈天幕の上に溜って居りたる水が落ちて、ビショ濡れに成る。（略）濡れて寒くなって、ふるえ上る程である。（略）患者のうめき声も聞えて来る。惨たる新戦場の有様かな。手足が切れ、眼を失し、貫通、盲貫と、実にあわれな有様の人ばかり〉

一方のソ連軍は、大規模な攻撃に向けた準備に入っていた。ソ連側の「総攻撃」である。ソ連軍は日本軍に気づかれないよう、戦力のさらなる増強に全力を注いでいた。日本軍も八月四日に第六軍を創設するなど、兵力の充実を急いでいたが、ソ連側はそれを凌駕する規模で体制を整備した。

ソ連側は日本軍を欺くため「我が軍は長期戦のための越冬の準備に集中する」といった偽の暗号を流した。日本軍が無線を傍受していることを利用したのである。

こうして準備されたソ連軍の総攻撃が始まったのは、八月二十日からであった。この攻撃に投入された兵力は、戦車旅団や装甲車旅団の増援を含め、じつに五万人を超えていたとされる。

攻撃はまず早朝の空襲から始まった。爆撃機の数は百五十機以上に及んだ。第七十一連隊の軍曹であった上田守は、陣中日記の中でこの空襲について以下のように綴っている。

〈投下された爆弾はどの程度のものか、われわれにはわからないが、落下地点に直径十数メートル、深さ三メートルほどの穴が出来、この土はどこに飛散したのか形跡もなく四散し、周囲一面の草花は真っ黒に焦げていた。

この爆風が壕の中にいた私の頭上をかすめた時、壕の上縁に置いていた私の背嚢《はいのう》はどこかへ飛び、ついに行方不明となった〉

停戦を巡る思惑

この総攻撃により、日本軍の各部隊は深刻な打撃を受けた。第七十一連隊第一大隊の「戦闘日誌」の八月二十一日の項には、こう記録されている。

〈敵は黒山のごとく七四七高地に殺到す。薄暮に至り、敵はさらに執拗に攻撃し、手榴弾戦、白兵戦いたるところに展開し、二時間にして撃退せるも将兵ことごとく死傷し残兵いくばくもなし、加えて食糧なく、水なく、補給も途絶し水筒には一滴の水もなく、加うるに連日の激戦に疲労困ぱい、その極に達す〉

塹壕内で孤立した兵士たちは、野ネズミを奪い合うようにして食べた。最前線で戦っていた兵士の一人である藤木常武は、八月二十三日の日記にこう綴っている。

〈壕内の兵の顔には血の気が失せていた。衰弱甚しく皆、土色をしていた。食うに食なく、飲むに水なく、昼は戦闘、夜は陣地の補強。壕内にうめく重傷者の声。漂う屍臭。皆捨鉢になっていた。弾丸も当たるなら当たれ、早晩戦死する身体である〉

のちの対米戦におけるガダルカナル島やインパールなどでの「飢餓地獄」はよく知られているが、そのような戦況はノモンハン事件においてすでに現出していたのである。

第七十一連隊第三大隊に属した一等兵の小田大治は、激戦地となった三角山での戦闘に参加。当時、二十二歳だった小田は、この時の戦いについてのちにこう証言している。

〈私は秋田県出身の上等兵（独立歩兵大隊か国境守備隊から来た補充兵です）と一台（引用者注・敵戦車）つけ回しました。このころの補充兵は戦闘に慣れず、夕方来ては、名前も顔も覚える暇もなく翌日戦死するのが多くかわいそうでした。この上等兵は長生きの方でした。この上等兵は急旋回した戦車を避けて飛び込んだ壕の上に戦車がかぶさり、首が胴にめり込んで戦死しました〉（『人間の記録　ノモンハン戦《壊滅篇》』〔御田重宝著　徳間文庫〕）

小田はその後の戦闘について、以下のように記す。

〈そのうち、私は戦友の伊藤義雄と戦車のしりについて回っていました。私たちはこの時一人

二、三発の手榴弾しか持っていませんが、うち一発は使えません。負傷した場合、後送できない時は〝自分で自分を始末〟するように言われています。

ともあれ戦車は手榴弾と銃剣では破壊できるわけはありません。キャタピラに手榴弾をつっ込んだ戦友もいましたが、決して切れるものではありません。戦友はバタバタと倒れてゆきます。全く処置なしでした。

生き残れたのが不思議です〉

最前線で孤立し、後方と連絡の取れなくなった部隊が、敵の包囲網をかいくぐって撤退してきたことがあったが、そのあとに上層部から「無断撤退」と批判され、部隊長が自決を強要されるという事件も起きた。

結果、井置栄一《いおきえいいち》部隊長は拳銃で自決を遂げた。

＊

八月二十三日、ソ連は独ソ不可侵条約の締結を発表。それまで敵対してきたソ連とナチスドイツが手を結んだというニュースは、日本を含む世界中を驚愕させた。さらにソ連とドイツは、ポーランドを分割統治する密約（秘密議定書）をも交わしていた。

独ソ不可侵条約の締結を、日本側は脅威として受け止めた。「ソ連軍がヨーロッパ側に配していた兵力をノモンハンや極東地域に回してくる」と考えたためである。

関東軍はノモンハンにおいて、さらなる作戦の継続に着手していたが、参謀本部はこれを制止。日本は停戦を模索する段階へと入った。

一方のソ連にとっても、じつは日本側のこのような動きはまさに「渡りに舟」だった。「密約」を有しているソ連はソ連で、ヨーロッパ情勢に集中したかったのである。

九月三日、日本側はノモンハンにおける作戦の中止を決定。十五日、ノモンハン事件の停戦協定が成立した。十六日をもって、一切の軍事行動は停止された。

こうしてノモンハンの戦線を収めることができたソ連軍は翌十七日、一挙にポーランドに侵攻。すでに同月一日にナチスドイツがポーランドに侵攻し、第二次世界大戦が勃発していたが、ソ連軍は密約に則ってこれに続いたのだった。

第二次世界大戦はこうして泥沼化していったのである。

第五章　ゾルゲ事件

共産主義勢力によるスパイ事件

昭和十六（一九四一）年十月十五日、当時の著名な言論人であり、内閣嘱託などの要職を歴任していた尾崎秀実《おざきほつみ》が、国際スパイ容疑で逮捕された。さらに三日後の十八日、その仲間であるリヒャルト・ゾルゲも同じく逮捕された。

共産主義勢力による大規模な国際スパイ事件の摘発である。

尾崎は明治三十四（一九〇一）年五月一日、東京市の芝区（現・港区）で生まれた（実際の誕生日は四月二十九日だが、戸籍上は五月一日）。

尾崎が生まれてすぐ、一家は台湾に転居。尾崎の父親は報知新聞の新聞記者だったが、台湾日日新報の漢文部主筆に招かれたための移住であった。以降、尾崎は約十八年もの歳月を台湾で過ごした。

台湾から日本に戻った尾崎は、第一高等学校（現・東京大学教養学部）の文科乙類に入学。一高卒業後は、東京帝国大学の法学部政治学科に進学した。

尾崎が共産主義に傾倒したのは、東大在学中である。尾崎は共産主義思想を研究する学生団体「新人会」に属した。

東大をはじめとする当時のアカデミズムの世界では、左派が大きな影響力を有していた。当時の日本国内は、農村や労働者層の貧困といった深刻な格差問題を抱えていたが、平等を掲げる共産主義は多くのエリート学生を惹き付けた。尾崎もそうした学生の一人であった。

日本共産党の結成は、大正十一（一九二二）年七月である。同年十一月にはコミンテルン日本支部として承認された。コミンテルンとは「共産主義インターナショナル」の略称で、各国の共産主義政党の国際統一組織のことである。彼らは「資本主義打倒」「武力による革命」「プロレタリア（無産階級、労働者階級）独裁体制の樹立」といった主張を掲げた。その拠点はモスクワであった。

東大を卒業した尾崎は大学院に進み、マルクスの『資本論』やレーニンの『帝国主義論』などを愛読した。ただし、「天皇制の廃止」を掲げる日本共産党には、終生にわたって入党しなかった。

また、台湾で育った影響から、中国への関心は極めて高かった。尾崎はのちにこう述べている。

〈左翼の立場からする支那問題の把握は完全に私を魅了しました。私にとってはむしろマルクス主義の研究が支那問題への関心をそそったのではなく、逆に支那問題の現実の展開がマルクス主義理論への関心を深めるといった関係にあったのであります〉（「第一回上申書」）

大学院を卒業した後、尾崎は朝日新聞社に入社。社会部や学芸部などに配属された。

昭和二（一九二七）年十月には、大阪朝日の支那部に転属。昭和三（一九二八）年十一月からは、特派員として上海の支局に勤めることになった。これは尾崎の希望が叶ってのことである。蔣介石が国民政府（南京政府）を正式に樹立した翌月のことであった。

上海で暮らし始めた尾崎は早速、中国共産党指揮下にある日支闘争同盟や左翼系作家の集まりなど、様々な組織や団体と関係を構築。各国の租界のある上海は世界有数の国際都市であったが、中国革命の波が広がるなかで多くの革命派が国内外から集まっていた。

そんな上海で出会ったのが、「アメリカ人ジャーナリスト」を名乗る「ジョンソン」という男であった。

その男の本当の名はリヒャルト・ゾルゲという。

リヒャルト・ゾルゲという男

尾崎とともに本章の主人公であるリヒャルト・ゾルゲは一八九五年、ロシア南部（現・アゼルバイジャン）のバクーで生まれた。父親はドイツ人の上級石油技師、母親はロシア人資産家の娘であった。

ゾルゲが三歳の時、一家はドイツのベルリンに転居。ゾルゲは至って恵まれた家庭環境のなかで育った。

一九一四年に第一次世界大戦が勃発すると、ゾルゲは陸軍を志願。ベルギーの戦場や東部戦線などに派兵され、塹壕《ざんごう》の中で生死の境をさまよう日々を送った。

そんな戦場において、ゾルゲは次第に左翼思想に傾倒していった。ゾルゲは戦時中に出会った戦友や医師などから大きな思想的影響を受けたとされる。一九一七年にはロシア革命が勃発し、共産主義思想はさらに拡大する勢いを見せた。

戦場から戻ったゾルゲは、ベルリン大学やキール大学で学んだ。そしてこの時期、ゾルゲはドイツの左翼政党である独立社会民主党に入党。宣伝や教育といった党の仕事に従事した。

一九一八年十一月三日にはキール軍港で水兵の叛乱《はんらん》が起きたが、これにはゾルゲも関わっていたとされる。この叛乱はドイツ各地に広がり、九日にはベルリンで武装蜂起が発生。ドイツ皇帝ヴィルヘルム二世は廃位となり、ドイツ帝国は打倒されてドイツ共和国が誕生した。いわゆるドイツ革命である。独立社会民主党は他の極左組織と合併し、ドイツ共産党（ＫＰＤ）となった。

一九一九年、ゾルゲはハンブルグ大学に移り、正式にドイツ共産党に入党。以降、党内で頭角を現し、左派新聞の編集などに携わった。その後、ドイツ共産党は非合法化されるが、ゾルゲは活動を継続。「大学講師」が表向きの顔であった。

その後、コミンテルンの要人から信頼を得たゾルゲは、コミンテルン本部の情報局員に抜擢。一九二四年、モスクワに転居し、翌年には党籍がドイツ共産党からソ連共産党に移された。

こうしてゾルゲはコミンテルンの諜報部員として、共産主義革命の世界的な拡散を目指し、デンマークやスウェーデン、イギリスといったヨーロッパ各地で暗躍するようになった。ゾルゲはそういった活動を通じて、コミンテルンの有力幹部にまで上り詰めていった。

そんなゾルゲが新たに目を付けたのが中国だった。彼は当時の心境をのちに獄中でこう回想している。

〈革命的労働運動およびソ連外交政策の上の大変化がきっと今に極東の新しい分野で行われるに違いないこと、外部との摩擦および攻撃の可能性に関連して、ソビエト連邦が直面する自己の安全保持の問題は、極東の演ずる新しい役割に合わせて検討し、変更しなければならないこと、そして最後に、極東の事態は必然的にヨーロッパの強国およびアメリカに甚大な反響を巻きおこし、現在の勢力均衡に根本的な変化をもたらすかもしれないこと。……当時、それは私の抱いていた一般的な考え――謂わば臆測――にすぎなかったが、私は自分の活動場面を東アジアに移すに足るだけのりっぱな理由のある考えだと思った〉(『ゾルゲ事件』〔尾崎秀樹著中公新書〕)

ゾルゲの正式な所属は、コミンテルンから赤軍の情報部(ＧＲＵ)へと変更された。コミンテルンと赤軍は密接な協力関係にあったが、組織としてはまったく別のものである。コミンテルンは「共産主義政党の国際統一組織」だが、赤軍は「ソ連軍」である。

一九二九年十一月、ゾルゲは一旦ベルリンに戻り、社会学雑誌社と契約。「ジャーナリスト」としての肩書きを得た。

ゾルゲが複数の仲間たちとともに上海に足を踏み入れたのは、一九三〇年一月のことであった。

日本での暗躍

尾崎とゾルゲは、こうして上海の街で出会った。二人が人づてに初めて対面したのは、昭和五（一九三〇）年秋のことである。

二人は思想的な「同志」として、すぐに共鳴した。しかし、ゾルゲは尾崎に対し、自身の本当の素性は明かさなかった。ゾルゲはあくまでも「コミンテルンを支持するアメリカ人ジャーナリストのジョンソン」であった。

その後、二人は様々な情報を交換し合うなど、より関係を深めていった。ゾルゲは赤軍情報部から「国民政府の軍事力」や「国民政府および各派閥に対するアメリカ、イギリス、日本の政策」といった分野の情報収集を任務として与えられていた。

昭和六（一九三一）年九月十八日、満洲事変が勃発。これに驚いたゾルゲの関心は、自然と日本の大陸政策へと移行していった。ゾルゲは尾崎から紹介された人脈を通じて、満洲における日本軍（関東軍）の兵力や、日本側の政治的意図などに関する情報を収集してモスクワに伝えた。

昭和七（一九三二）年一月には上海事変（第一次）が勃発。尾崎は現地での取材に奔走したが、翌二月、本社からの命令により帰国した。

一方のゾルゲも昭和八（一九三三）年一月、上海からモスクワに戻った。その後、「スパイ団のリーダー」として新たに乗り込むことになった先が日本であった。

しかし、中国と違って防共に努めている日本への入国は、容易なことではなかった。ゾルゲはまず、日本入国への準備としてドイツに戻った。ゾルゲはそこでドイツの有力紙『フランクフルター・ツァイトゥング』などの特派員となることに成功。こうして彼は「ドイツ人ジャーナリスト」としてのパスポートを入手した。また、ドイツ在住時代の人脈を駆使して、駐日ドイツ大使館員への紹介状や身分証明書なども手に入れた。

さらにゾルゲはナチスへの入党を申請。通常、ナチスの入党には厳しい審査が課せられ、共産党員は排除されていたが、ゾルゲは知人の党員の仲介によって入党を許された。言うまでもなく、これも自身の素性を欺くための工作である。

こうしてゾルゲは「ナチス党員のドイツ人ジャーナリスト」として、日本に入国。昭和八（一九三三）年九月六日のことである。それに前後して、ゾルゲの仲間たちも続々と入国を果たした。

日本に入国したゾルゲは、赤軍のスパイとしての活動を開始した。そんなゾルゲが頼ったのが尾崎であった。

ゾルゲの外国通信員としての身分証明書
（毎日新聞社／時事通信フォト）

昭和九（一九三四）年五月、二人は奈良公園で約二年ぶりに再会。以降、二人の関係は、より密接なものとなっていった。

ゾルゲは尾崎に対し、「自分がアメリカ人ではないこと」を打ち明けたうえで、改めてコミンテルンへの協力と支援を求めた。尾崎はこれを受け入れたが、ゾルゲは自身が本当はコミンテルンではなく赤軍情報部に籍を置いていることは明かさなかった。

ゾルゲは尾崎を通じて最新の情報を入手した。ゾルゲが求めた情報は「日本の対ソ政策」「日本の対ソ攻撃の可能性」などである。ソ連はドイツと日本に東西から挟撃されることを最も恐れていた。ゾルゲの任務は極めて重大なものであった。

一方の尾崎は、ゾルゲへの協力は「コミンテルンへの協力」だと認識していた。しかし、実際には尾崎が伝えた情報は、コミンテルンではなく赤軍にもたらされていたのである。

ゾルゲは昭和十（一九三五）年にロシアに一時帰国し、日本の現状を報告。再び来日した昭和十一（一九三六）年から、活動をさらに活発化させていった。

ゾルゲは駐日ドイツ大使館とも親密な関係を築き、日独防共協定に関する情報を事前に把握。モスクワに伝えることに成功した。

政府中枢への進入

片や尾崎は朝日新聞社が設立した東亜問題調査会の一員となり、言論界において頭角を現していった。中国問題の専門家として『中央公論』や『改造』、『グラフィック』といった有名雑誌に寄稿するなど、尾崎は「新進の中国通」として知名度をあげた。

昭和十二（一九三七）年四月には、近衛文麿の私的な政策研究団体である昭和研究会に入会。この入会は同会の支那問題研究部会長・風見章《かざみあきら》の推薦によるものであった。朝日新聞の記者や信濃毎日新聞主筆を経て政治家に転身していた風見も、共産主義の信奉者だった。

六月四日には第一次近衛内閣が発足。風見は内閣書記官長に任命された。その結果、尾崎は風見から昭和研究会の支那問題研究部会長の役を引き継いだ。

さらに尾崎は、首相秘書官と政策論議ができる「朝飯会」にも引き入れられた。つまり尾崎は政権中枢において、重要な国家機密に接触できる立場にまで上り詰めたのである。

こうして迎えた七月七日、盧溝橋事件により日中は交戦状態に突入。政府も軍中央も当初は「不拡大方針」を掲げたが、戦況が泥沼化していったのは、本書の序章などでも述べた通りである。

尾崎はこの支那事変に関し、「拡大論」「長期戦論」を強く主張した。昭和十三（一九三八）年の『改造』（五月号）に発表した「長期抗戦の行方」という論文の中で、尾崎はこう唱えている。

〈だが戦に感傷は禁物である。目前日本国民が与えられている唯一の道は戦に勝つということだけである。その他に絶対に行く道はないということは間違いの無いことである。

「前進！　前進！。」その声は絶えず呼び続けられねばなるまい〉

尾崎は支那事変の拡大を煽りに煽った。

コミンテルンの基本思想の一つに「敗戦革命論」がある。戦争を長期化させることで国民を疲弊させ、その混迷をついて共産革命を実現し、プロレタリア独裁体制を樹立しようという考え方である。尾崎の主張の背景には、このような思想が存在した。

七月、尾崎は風見からの依頼を受けて、内閣嘱託の座に就いた。尾崎は晴れて近衛内閣の「ブレーン」の一人として、首相官邸内で執務するようになった。

尾崎の主張は、近衛内閣の意思決定に影響力を及ぼすようになった。すなわち、重要な情報を外部に漏らすだけでなく、政権を自分たちの都合の良い方向に動かしていく工作活動にも力を得ていったのである。

しかし、近衛内閣は昭和十四（一九三九）年一月に総辞職。尾崎も内閣嘱託の職を失った。だが六月、尾崎は南満洲鉄道株式会社（満鉄）調査部の嘱託に就任。最も有力な国策会社である満鉄は、日本の大陸政策の根幹を支える存在であった。尾崎は東京の虎ノ門にある満鉄ビルに通うようになり、満洲国や中国にもたびたび赴いた。

同時期、尾崎は中国に関する複数の著作を発表しているが、そんな表の顔の裏では、権力中枢における諜報活動に邁進していた。

尾崎は政府要人などから得た機密情報をゾルゲに流した。赤軍情報部は尾崎に「オットー」

という暗号名を付与していた。

ノモンハン事件との関連

本書において見逃すことができないのが、第四章で扱った「ノモンハン事件」と「ゾルゲ事件」との関連性である。

昭和十四（一九三九）年五月から始まったノモンハン事件に関しても、ゾルゲは尾崎から得た日本側の情報をソ連に流していたのだった。

尾崎は満鉄調査部嘱託という地位を活かして、ノモンハン事件に関する情報に広く接触。ノモンハンを現地取材した新聞記者や、政権中枢の要人たちなどから最新の情報を集めた。

そのような情報のなかには、関東軍の兵力規模など、極めて重要な機密も含まれていた。尾崎から情報を得たゾルゲは「ノモンハン事件は日本軍による計画的な侵攻作戦ではない」とモスクワに伝えた。第四章で述べた通り、ノモンハン事件に関して東京の参謀本部はあくまでも不拡大方針であり、同事件の実態は現地の関東軍による独走という面があったが、そのことをゾルゲは認識し、赤軍に伝えたのである。

また、ゾルゲは尾崎以外の人物からも、ノモンハン事件に関する情報を収集した。そのうちの一人が宮城与徳《みやぎよとく》である。沖縄生まれでアメリカ育ちの宮城は、アメリカ共産党の党員であった。宮城は退役軍人の小代好信を通じ、関東軍の動向や、航空機や戦車の数などまで調べ上げ、ゾルゲに情報を渡した。

ノモンハンにおける日本軍の苦戦の背後には、ゾルゲスパイ団の存在があったのである。

ドイツ大使館の情報もソ連に

日本でスパイ活動を続けたゾルゲだが、彼は一体どのような人物だったのだろうか。

銀座のバーに勤めている折にゾルゲと知り合い、愛人となった石井花子はのちにこう記している。

〈（ゾルゲの）顔は浅黒く、栗色の巻毛だった。秀でた額や高い鼻はたくましく強く、眉尻はあがっていた。瞳は青く、愁わしげでもあったが、相手を直視して話す眼光は、迫力があった〉（『愛のすべてを』〔石井花子著　鱒書房刊〕）

彼女によれば、ゾルゲはこんな言葉を口にすることがあったという。

「本当の友だちがほしい」

昭和十四（一九三九）年九月、ドイツのポーランド侵攻によって第二次世界大戦が勃発。以降、ゾルゲはドイツ大使館の情報宣伝課で、オットー大使の私設情報官として働くようになった。ゾルゲは日本だけでなく、ドイツの情報も次々とソ連に流した。

ゾルゲはドイツ大使館内で機密文書をことごとく複写。日独伊三国同盟や独ソ戦に関する情報も、ゾルゲには筒抜けだった。

モスクワとの連絡には、伝書使（連絡員）を用いることもあれば、スパイ団の一人である無線技師のマックス・クラウゼンが暗号で送ることもあった。ドイツ人の共産主義者であるクラウゼンは、「実業家」としての表向きの顔を持つ反面、陰ではソ連のスパイとして活動していた。

ゾルゲと尾崎は、東京や横浜の料亭などで会った。しかし、次第に監視の目が厳しくなると、ゾルゲの自宅で会うことが多くなった。

日本側も共産主義勢力によるスパイ活動には警戒を強めていた。そんななか、行き過ぎた取り締まりや、杜撰《ずさん》な調査、違法な拷問《ごうもん》などが存在したことも事実である。

共産主義者たちの夢

ゾルゲと尾崎が最も知りたかったのは、日ソ戦の可能性であった。日本は北進してソ連と戦うのか、それとも南進して東南アジアに植民地を持つアメリカやイギリス、オランダなどを相手にするのか。当時の心境を尾崎はのちにこう回顧している。

〈能《あた》うかぎり正確な情報を収集して、これをコミンテルンに送致し、コミンテルンやソ連政府をして的確なる情勢判断を得せしめ、これにもとづきソ連防衛の方策を講ぜしめるほかに途《みち》はないのであります〉（「第二十二回検事訊問調書」ルビは引用者による）

尾崎とゾルゲの思惑は一致していた。「日ソ戦の回避」である。尾崎は「日本の矛先を米英に向けることはできる」とゾルゲに伝えた。尾崎は政権中枢で自身の理想を実現するために暗躍した。

尾崎は以下のような世界像を理想としていた。すなわち、資本主義から脱却して共産化した日本と、中国共産党の指導下にある中国、そして社会主義の中心たる平和国家・ソ連が、一体となって「新秩序」を構築していくという国際社会の実現である。

無論、尾崎の工作が政権内でどの程度の効果を発揮したのかを断言することは難しい。当時の政権中枢には、尾崎のほかにも多くの親ソ派や共産主義者が混在していた。官僚やメディアの中にも、左派勢力が随所に浸透していた。

いずれにせよ、その後の日本が南部仏印進駐などによって「南進」の道を突き進んでいったことは事実である。

尾崎からの「日本軍は北進しない」という情報をゾルゲがモスクワに送った結果、スターリンは極東ソ連軍二十個師団を独ソ戦に回すことができたとも言われている。ただし、無線技師のクラウゼンの怠慢により、その詳細がモスクワに十分に伝わっていなかったという説もある。ゾルゲスパイ団も一枚岩ではなかった。

そんななか、尾崎とゾルゲに対する監視の目はより厳しくなっていた。特別高等警察（特高）や陸軍憲兵部は、共産主義勢力やスパイグループへの内偵や尾行を強化していた。すでに検挙した「同志」の自白からも、二人の存在は大きく意識されていった。クラウゼンが発する無線の傍受にも成功したが、暗号の解読までには至らなかった。

ドイツも途中からゾルゲの正体に気づき、「泳がせていた」とも言われる。

そういった状況下において、尾崎は対米戦を煽る主張を展開した。当時の第三次近衛内閣は、開戦を巡る対米交渉の佳境にあった。尾崎は「大戦を最後まで戦い抜くために」と題した以下のような論文を月刊誌『改造』（昭和十六年十一月号）に発表している。

〈旧世界が完全に行詰って、英米的世界支配方式が力を失ったところから起った世界資本主義体制の不均衡の爆発に他ならないこの戦争が、英米的旧秩序に逆戻りし得る可能性は存在しないのである。戦争はやがて軍事的段階から社会・経済的段階に移行するであろう。（略）この最終戦を戦い抜くために国民を領導することこそ今日以後の戦国政治家の任務であらねばならない〉

昭和十六（一九四一）年十月、スパイ団の一員である宮城与徳が逮捕された。宮城は拷問の末、尾崎らに関する自白に及んだ。

同月十五日の朝、尾崎は目黒の自宅にいるところを検挙された。尾崎は書斎で読書中だったという。

十八日、ゾルゲも永坂町の自宅で逮捕された。同じ日、クラウゼンも逮捕されている。

第三次近衛内閣が政権を投げ出したのも、この日であった。

絞首台へ

勾留されたゾルゲは当初、黙秘を続けたが、一週間ほど経つと少しずつ自供を始めた。

一方の尾崎はこの勾留中に、ゾルゲの所属がじつはコミンテルンではなく赤軍情報部だったことを知った。

以降の取り調べのなかで、尾崎はコミンテルンについてこう述べている。

〈コミンテルンは、世界革命を遂行して資本主義的世界秩序を変革し、共産主義社会を実現せんことを標榜する全世界の共産主義者の国際的結合機関であります。（略）その世界革命の一環として日本にたいしても同様、日本における共産主義社会の実現を目的とするもので、その日本にたいする場合のコミンテルンの目的というものは、すなわち日本共産党の目的と同様のものであります〉(「第九回司法警察官訊問調書」)

尾崎の思想と信奉は最後まで変わらなかった。尾崎はソ連を「平和政策をもって帝国主義諸国間の抗争の外に立つ国」と最後まで信じた。

そんなソ連が終戦前後、日本にどのような行動をとったのかについては、のちの章で詳しく触れていくことになる。

昭和十八(一九四三)年九月二十九日、尾崎、ゾルゲの両名に死刑が言い渡された。尾崎は上告したが、昭和十九(一九四四)年四月五日、棄却された。

十一月七日、東京・巣鴨の拘置所で、二人の死刑は執行された。尾崎が絞首台に立ったのが午前九時三十三分。ゾルゲはその一時間ほどあとであった。

この日はロシア革命の記念日だった。

第六章

海軍甲事件・乙事件

連合艦隊司令長官・山本五十六

昭和十八（一九四三）年四月十八日、連合艦隊司令長官である山本《やまもと》五十六《いそろく》海軍大将の搭乗した一式陸上攻撃機が、ニューギニアのブーゲンビル島の上空で米軍機による攻撃に遭遇し墜落。山本は五十九年間に及ぶ激動の生涯を閉じた。この事件は「海軍甲事件」と呼ばれている。

*

山本は明治十七（一八八四）年四月四日、儒学者の家系である高野家の六男として、新潟県の玉蔵院町（現・長岡市東坂之上町）で生まれた。「五十六」という珍しい名前は、実父が五十六歳の時に生まれた子だったことにちなんでの命名だという。

明治三十四（一九〇一）年、地元の長岡中学を卒業した五十六は、海軍兵学校に入学。入学時の成績は、二百名中で二番だった。

その後、海軍大学校に進み、それまで断絶していた地元の名家である山本家を相続。山本姓となった。

大正八（一九一九）年には駐在武官として渡米。ハーバード大学に入学した山本は、国際情勢に関する幅広い知識を学んだ。この滞在時に山本が何よりも痛感したのは、日米の国力の違いであった。

帰国した山本は、アメリカとの戦争に一貫して反対の姿勢を示した。山本は対米開戦論者に対し、

「アメリカの煙突の数を数えてきたまえ」

とよく話したという。

もとより日本海軍の仮想敵国はアメリカだったが、内部には「親米派」と「反米派」が存在した。

大正十三（一九二四）年、山本は霞ヶ浦航空隊の教頭兼副長に就任。優秀なパイロットの育成に努めた。

山本はその後も航空本部技術部長、海軍航空本部長などを歴任。山本は来るべき戦争の主体が「航空戦」となることを予測し、航空兵力の整備と充実に力を注いだ。

当時の海戦の常識は「艦隊決戦」であった。艦隊の優劣によって戦局が決まるという考え方である。航空機はあくまでも補助的な役割として捉えられていた。

そんななかで航空戦の重要性を説く山本は、海軍の中で異端の存在だった。山本は「日本海軍航空育ての親」とも呼ばれる。

昭和五（一九三〇）年にはロンドン海軍軍縮会議に出席し、軍艦の建造が抑制されていく国際的な潮流を深く認識。航空戦時代の到来を確信した。山本は国産航空機の進化を促し、その

努力は昭和十五（一九四〇）年に零戦（零式艦上戦闘機）の登場という成果に至った。

零戦はその誕生時、毎時五百キロを超える最高時速や、約三五〇〇キロという航続距離、優れた旋回性能などにおいて、世界最高峰の性能を誇った。設計者は三菱の主任設計技師だった堀越二郎である。

山本はその後も対米戦の回避を望んだ。昭和十五（一九四〇）年、当時の近衛文麿首相から対米戦に関する意見を聞かれた際、山本はこう答えたとされる。

「ぜひやれと言われれば半年や一年の間は暴れてご覧にいれるが、二年、三年となればまったく確信は持てない」

以降、日米関係が悪化の一途を辿っていくのは周知の通りである。日独伊三国同盟の締結や日ソ中立条約の締結の後、南部仏印進駐、在米資産の凍結、石油禁輸措置などを経て、日米関係は泥沼化していった。

アメリカの対日姿勢は一貫して強硬だった。加えて、イギリスがアメリカの第二次世界大戦への参戦を強く望んでいた。

そんな状況下において、日米交渉を担った日本側の政権中枢に、日本軍の矛先をソ連ではなくアメリカに向けようとする「親ソ派」がいたことは、先の第五章で述べた通りである。

山本は日米交渉の行方を注視していた。しかし、交渉は彼の期待するようには進展しなかった。

世界を驚愕させた真珠湾攻撃

昭和十六（一九四一）年十二月八日（現地時間・七日）、日本軍の真珠湾攻撃により日米戦が勃発。この作戦を主導したのが、連合艦隊司令長官の山本であった。

政府首脳による交渉がまとまらずに開戦が決まった以上、現場で最善の手を尽くすのが山本の役目であった。そんな山本が発案したのが、航空機による奇襲という真珠湾攻撃だった。

南雲忠一《なぐもちゅういち》海軍中将率いる機動部隊は、アメリカ太平洋艦隊の根拠地であるハワイ・オアフ島の真珠湾を攻撃。六隻の空母から出撃した約三百五十機もの艦上機により、戦艦五隻を沈没させたほか、戦艦四隻、巡洋艦、駆逐艦各三隻に損傷を与えた。さらに、飛行場への攻撃で航空機百八十八機を破壊。人的被害は戦死・行方不明者合わせて二三〇〇人に達した。

日米間の国力の差を誰よりも理解していた山本は、この奇襲によって戦勝の機会を探ろうとしたのだった。

しかし、日本側が主要な攻撃目標としていた米空母部隊はハワイにおらず、その海軍戦力が決定的に低下することはなかった。また、第二次攻撃隊の反復攻撃が司令部の命令により中止されたため、米軍の修理施設などはほぼ無傷の状態であった。米軍はその後、速やかに修復作業に着手することができた。

真珠湾攻撃は、山本の長年の持論だった「航空戦の優位」が証明された戦いであった。航空機が戦艦を制したこの攻撃は、それまでの世界史の主流である「艦隊決戦」の常識を覆すものであった。当時の日本海軍のパイロットの技量は、世界最高水準だったとも言われる。

国際社会は「日本がアメリカを奇襲した」ことに震撼したが、その手法にも驚愕したのだった。当のアメリカからも「山本は日本で最も優秀な司令官である」との声があがった。

なお、現在のアメリカでは真珠湾攻撃が「だまし討ち」とされているが、日本政府は公式な宣戦布告をしたつもりであった。しかし、在米日本大使館が最後通牒《つうちょう》の手交に手間取ったことで宣戦布告が遅れ、結果的に「だまし討ち」と捉えられても仕方のないかたちとなってしまった。昭和史における痛恨の失策である。

いずれにせよ、真珠湾攻撃という作戦自体への様々な賛否はあって然るべきである。山本は普段から博打好きだったが、真珠湾攻撃を「大博打」と見ることもできる。

かくして、日本はアメリカとの全面戦争に突入した。

山本は早期に戦争を講和に持ち込むことを考えていた。戦いが長期化すれば、国力の差が如実に現れてくるのは必至だったからである。

しかし、実際の戦局は彼の思い通りにはいかなかった。

昭和十七（一九四二）年六月のミッドウェー海戦において、日本海軍は大敗。日本の劣勢は決定的となった。

海軍甲事件

昭和十八（一九四三）年四月、山本はニューギニアのニューブリテン島に位置するラバウルの基地にて、「い号作戦」の指揮にあたっていた。「い号作戦」とは、ソロモン諸島やニューギニア方面の敵艦隊に対し、航空戦力によって大規模な打撃を与えようという一大作戦である。

結局、同作戦において日本側は一定の戦果をあげたものの、蒙った損害も大きかった。作戦終了後、山本はブーゲンビル島を訪れ、激戦を戦い抜いた将兵たちを激励しようとした。

四月十八日の午前六時頃、山本を含む十一名が乗る一式陸上攻撃機がラバウルの基地を離陸。山本の搭乗機のほかに一式陸上攻撃機がもう一機、さらに直掩機《ちょくえんき》として六機の零戦が付けられていた。直掩機とは、味方の航空機を掩護する護衛機のことである。山本たちの目的地はバラレという地であった。

午前七時半頃、山本機を含む一団は、ブーゲンビル島のブイン飛行場まで接近。バラレまではあと十五分ほどであった。

しかしその時、不意に米軍の戦闘機群が姿を現した。十八機ものロッキードP38戦闘機である。

じつは日本海軍が用いていた暗号は、米軍側に傍受、解読されていた。山本の移動に関する情報を入手した米軍は、ガダルカナル島の飛行場からP38戦闘機群を出撃させ、待ち伏せしていたのだった。

これに対し、日本の六機の零戦は果敢に迎撃したが、戦力の違いは明らかであった。米軍機の狙いは、二機の一式陸上攻撃機に集中した。

やがて山本の搭乗する一番機が被弾。機体は大きな炎に包まれた。続けて二番機も同様の状態となった。

一番機は徐々に高度を落としていった。その際、一番機に接近した零戦の搭乗員の証言によると、山本は草色の第三種軍装を着て指揮官席に座り、白い手袋に軍刀をしっかりと握って瞑《めい》目《もく》していたという。

機体はその後、錐揉《きりも》み状態となり、密林の中へと落下していった。

こうして日本海軍は、その中心人物を失った。

この事件は、海軍を根底から揺るがす重大事件であった。

しかし、山本の死は世間には公表されなかった。大本営が山本の戦死を発表したのは、事件から約一ヶ月も経った五月二十一日のことであった。

＊

現在、山本の生まれ故郷である新潟県長岡市に建つ山本五十六記念館には、山本が遭難時に乗っていた一式陸上攻撃機の左翼部分の一部が展示されている。戦後、密林の奥深くで発見された残骸が平成元（一九八九）年にパプアニューギニア政府から返還され、「里帰り」が実現した結果である。

海軍乙事件の始まり

海軍甲事件から一年が経とうとしていた昭和十九（一九四四）年三月三十日の午前五時半頃、連合艦隊の拠点であるパラオへの大規模な空襲が始まった。パラオは赤道にほど近い西太平洋上に位置する島々で、一九二〇年以降、国際連盟の決定によって日本の委任統治領となっていた。

空襲時、旗艦「武蔵」をはじめとする主な艦船の多くは、かろうじて事前に緊急退避していたが、パラオの基地は大きな打撃を蒙った。

とりわけ航空兵力は甚大な被害を受けた。前駐日パラオ大使であるミノル・ウエキは、この空襲についてこう語る。

「中学生の私はその日、勤労奉仕で飛行場にいましたが、急に米軍の飛行機が姿を現しましてね。それで爆撃が始まりました。本当に凄かったですよ。私たちは川に沿って歩き、山の中に逃げ込みました。しかし結局、この時の空襲で、飛行場で働いていた人たちにも多くの犠牲者が出ました。私の先輩も二人、亡くなりました」

連合艦隊の司令部はパラオの防空壕内に設けられていたが、このような攻撃に晒された結果、その拠点はフィリピンのミンダナオ島にあるダバオ基地に一旦移されることになった。

連合艦隊司令長官は、前年の四月に戦死した山本五十六海軍大将（没後、元帥海軍大将）のあとを継いだ古賀峯一《こがみねいち》海軍大将である。参謀長は福留繁海軍中将であった。

当初、パラオからミンダナオ島への出発は、四月一日未明の予定だった。しかし、三月三十一日に「敵の大部隊を発見」という情報がもたらされたため、出発は三十一日の夜に早められた。

加えてこの夜、空襲警報が発令されたことにより、出発の時間がさらに繰り上げられた。ただし、この空襲警報は結論から言うと誤報であった。

こうして古賀をはじめとする高級幕僚たちは、二機の二式大型飛行艇に慌《あわ》ただしく分乗。水面発着できる飛行艇の中でも、二式大型飛行艇は卓越した飛行能力を誇り、「世界最高峰の傑作」と呼ばれた名機であった。

この二機の二式大型飛行艇は、古賀らを退避させるため、急遽《きゅうきょ》、サイパン島から回されてきたばかりの機体だった。

空襲警報が鳴ったため、両機は燃料も最低限の分しか補給できないまま、出発への準備を整えた。

一番機には古賀、二番機には福留が搭乗した。

一番機の離水は午後九時三十五分、二番機の出発はそれから五分後の午後九時四十分である。

この五分間の遅れは、二番機の搭乗に思いのほか時間がかかったのが理由であった。本来ならば二番機は一番機の誘導のもと、すぐ後ろを飛行する予定だった。二番機の機長を務める岡村松太郎中尉が、ミンダナオ島までの空路に明るくなかったためである。

二番機はすぐに一番機を追ったが、その機影を見つけることはできなかった。一番機も敵の攻撃を警戒して飛行速度を上げざるをえなかったのである。

計画はその始まりから綻《ほころ》びを見せていたのだった。

低気圧との遭遇

両機はそれぞれ、ミンダナオ島のある西方に向かって急いだ。

単独行となった二番機は、さらなる困難に見舞われた。出発から約一時間後、巨大な低気圧と遭遇してしまったのである。

機体は豪雨に打たれ、強風によって激しく揺れた。稲光と雷鳴がすぐ近くで轟《とどろ》き、機内に不安と動揺が走った。

それでも岡村機長の懸命の操縦により、機体は低気圧の中心を巧みに避けながら、なんとか雷雲を脱出。時計の針は、四月一日の午前零時三十分過ぎを示していた。

しかし、低気圧からは脱したものの、機体は予定の航空路から大きく外れてしまった。それどころか、現在地も特定できない状態だった。

それでも飛行を続けていると、やがて一つの島影を発見した。確認のため高度を下げたが、そこはミンダナオ島よりもずっと小さな島であった。

島の形状を地図と照合すると、その島はミンダナオ島の北方に位置するカミギン島であると推測された。

さらに悪いことに、燃料の残量もわずかとなっていた。パラオで燃料の補給が不十分だったことが、ここにきて大きな影響を及ぼした。岡村機長は、もはやミンダナオ島まで行くことは不可能と判断した。

そこで機体はやむなく、セブ島へ向けられることになった。海軍基地のあるセブ島までなら、残りの燃料で行けると判じられた。

機体はセブ島内で最大の街であるセブ市を目指した。やがて多くの電灯の集まりを見つけた二番機は、その場所をセブ市と判断して近づいていった。

しかし、その場所はセブ市ではなく、夜間の作業を続けていた小野田セメントのナガ工場だった。

それでも二番機は、その近くの海への着水を試みた。燃料はもはや限界であった。

ところが、夜間の見通しの悪いなかでの着水は失敗。機体は強烈な衝撃を受け、大きく破損した。午前二時五十四分のことである。

結局、この着水失敗によって、八名が亡くなった。生き残ったのは福留参謀長をはじめ十三名であった。

意識のある乗員たちは、すぐに機体の外に出た。その後、機体は激しい炎に包まれた。

だが、生存者の中にも重傷を負った者が多かった。彼らは一つの集団を形成しながら泳いで陸地を目指した。しかし、

「何か浮く物を探してくる」

と言って集団から離れた針谷高二飛曹は、そのまま行方不明となった。

潮流は速く、思うように陸地に近づくことはできなかった。やがて夜が明けたが、それぞれ体力の衰弱も著しく、怪我もしているなかで、ついには海面にただ浮いているだけのような状態となった。

やがて田口という二飛曹が力尽きて息絶えた。下地康雄上等飛行兵も行方不明となった。集団は次第に崩れ、小さくなっていった。

ジャングルへの連行

その後、彼らは小舟に乗ったフィリピン人たちに発見された。

福留参謀長と山本祐二作戦参謀は、機密文書の入った防水ケースを持っていた。その中身は「Z作戦」に関する計画書や司令部用信号書、暗号書などであった。

Z作戦とは、千島列島から内南洋（現・北マリアナ諸島、パラオ、マーシャル諸島、ミクロネシア連邦に相当する地域）方面に敵が侵攻してきた場合の迎撃作戦のことである。すなわち、福留らが持っていたのは、日本軍にとって極めて重要な機密文書であった。

このような書類は敵の手に渡りそうな場合には破棄するのが原則だが、救助してくれたフィリピン人たちに不穏な動きもなかったため、福留はケースを海中に沈めるようなことはしなかった。

しかし、その判断が取り返しのつかない事態を招いていくことになるのである。海上から浜辺に着くと、フィリピン人たちの態度は一変。福留らに対し、敵意を剥き出しにした。結論から言うと、彼らはじつは米軍寄りのゲリラのメンバーであった。

ゲリラたちは福留たちから武器を奪い、縛り上げてジャングルの中に連行した。福留は自身の名前や階級を隠した。しかし、Z作戦に関する機密書類の入ったケースは奪われてしまった。

日本軍にとって「最大の辱め」と言われる捕虜となってしまったことに鑑み、福留はゲリラに、「殺せ」

と繰り返した。しかし、ゲリラ側にその様子はなかった。

機密文書の行方

一方、古賀峯一の搭乗した一番機も消息不明となっていた。

パラオを発ったはずの二機が予定通りに到着しないことで、ミンダナオ島の基地は騒然となった。低気圧による遭難が予想され、偵察機などを用いた捜索活動が周辺空域で始まった。

このような現地からの報告を受けた海軍省にも衝撃が走った。

その後、海軍側は福留らがセブ島でゲリラに連行された事実を把握。福留らを奪還するため、独立歩兵第百七十三大隊がゲリラ側の拠点を包囲した。日本側はこの包囲を解く交換条件として、福留らの身柄の引き渡しを要求。ゲリラ側はこれに応じた。

こうして解放された福留らは、心身ともに憔悴《しょうすい》し切っていたが、命に別状はなかった。

捕虜となってしまったことを苦にした岡村機長らは、集団自決の計画を立てた。しかし、それを察した福留は、

「堪えがたきを忍んで思い直してほしい」

とこれを止めた。

日本に帰国した福留らには、様々な批判が集まった。問題になったのは、やはり捕虜となったという点であった。軍法会議にかけるべきだという声も少なくなかった。

しかし結局、「ゲリラは正規の敵軍ではないので捕虜とは言えない」という理由から軍法会議は回避され、一切は不問に付された。

だが、じつは本当に問題だったのは、機密文書の流出という厳然たる事実のほうであった。

日本側はゲリラに奪われた機密文書の捜索を続けたが、その行方を知ることはできなかった。

その後、日本側は「文書が米軍に渡った形跡はない」と判断。そのため、Z作戦や暗号に変更が加えられるようなことはなかった。

しかし、実態は大きく異なっていた。機密文書を押収したフィリピン人ゲリラは、ほかのゲリラにその旨を伝え、この情報はオーストラリアの連合国軍総司令部へと転送された。

結局、機密文書はセブ島からアメリカの潜水艦に秘密裏に手渡され、オーストラリアへと送られたのである。

こうして機密文書は米軍の手に渡った。文書は早急に翻訳されたうえで、アメリカ太平洋艦隊に回送された。

このような情報の流出が、その後のレイテ沖海戦などに少なからぬ影響を与えたと言われている。

*

他方、古賀の乗った一番機は結局、残骸すら発見することができなかった。

古賀は戦死ではなく殉職とされた。後任には豊田副武《とよだそえむ》海軍大将が親補《しんぽ》された。

この事件が国民に知らされたのは、墜落から一ヶ月以上経った五月五日のことであった。

これが「海軍乙事件」である。

第七章　対馬丸《つしままる》事件

疎開中の子供たちを襲った悲劇

大東亜戦争中、米軍は日本の民間人が乗った疎開船をも攻撃の対象とした。疎開船を含む民間船舶への攻撃は国際法で禁じられていたが、米軍は「無差別攻撃」に手を染めた。「対馬丸事件」もその一つだが、この事件が特殊なのは、乗っていた疎開民の大半が子供たちだったことである。

昭和十九（一九四四）年七月七日、マリアナ諸島のサイパン島が陥落。多くの民間人が断崖から飛び降りて自決するという「バンザイ・クリフ」のような惨劇まで起きた。

重要な防衛線を突破された日本側が、次に懸念したのが沖縄だった。日本政府は沖縄県の女性や子供、老人に対し、県外への疎開を促すことにした。七月中に約八万人を日本本土へ、約二万人を台湾へ疎開させる計画を立てたのである。

こうして始まった疎開だったが、沖縄周辺では制海権も制空権も米軍に奪われつつあり、計画は思うように進まなかった。

疎開は強制ではなく任意であったが、希望者はなかなか集まらなかった。とりわけ子供たちを対象とした「学童疎開」は、親子が離れ離れになるのを嫌がる家庭が少なくなかった。そこで学校の教師が各家庭を訪問して、疎開を勧めるようなことも行われた。

沖縄から学童疎開の児童らを乗せたまま、1944年8月22日に鹿児島県悪石島沖で米潜水艦の魚雷攻撃で撃沈された対馬丸（朝日新聞社／時事通信フォト）

こうして、当初の予定より遅れながらも、八月十四日にようやく学童疎開の第一陣が那覇港を出発した。

「対馬丸」と名付けられた疎開船の出航は、八月二十一日と決まった。

那覇からの出発

対馬丸の出航当日、那覇港の埠頭《ふとう》は大勢の人たちで溢れ返った。学童疎開するのは、沖縄市内の八ヶ所の国民学校などから集まった子供たちであった。リュックサックを背負ったり、大きな鞄を手にした子供たちは、学校ごとに集まって乗船の時間を待った。対馬丸は那覇港から長崎へと向かう予定だった。

乗船が始まったのは、夕方であった。乗船者たちは桟橋から小さな舟艇に乗り、那覇港沖に碇泊する対馬丸まで移動した。巨大な貨物船である対馬丸は、那覇港の岸壁に着岸できなかったのである。

舟艇が対馬丸まで着くと、そこからタラップや梯子《はしご》を使って船体に乗り移った。子供たちは対馬丸の巨体を目の前にして、興奮を隠せない様子だったという。その中の一人で、当時、十歳だった上原清はこう語る。

「戦時中の疎開ということでしたが、正直に言うと私としてはそこまで切羽詰まった気持ちではありませんでした。対馬丸のような大きな船に乗るのは初めてでしたし、旅行にでも行くような感覚でした。そこまで深刻な雰囲気ではなかったと思います」

子供たちの中には、

「ヤマト（本土）に行ける」

「汽車に乗りたい」

「白米が食べられる」

などとはしゃぐ子たちもいた。「本土で冬を迎えたら雪が見られる」ことを楽しみにしている子も多かったという。

そんな彼らが乗船した対馬丸は、建造から三十年ほど経った貨物船で、全長約百三十五メートル、総トン数六七〇〇トンを超える大型船である。戦前は北米などの外国航路で活躍し、関東大震災の際には避難民の退避に使用されたこともあった。

しかし、戦時中には主に兵員や物資の輸送に使われるようになった。南方の戦線に兵員を運び、その帰りに様々な物資を積んで日本に戻るのである。甲板には大砲も備え付けられた。

そんな対馬丸が、学童疎開船として使用されることになったのである。

だが、当日まで疎開船が貨物船だということはほぼ知らされていなかった。いくつかの学校は「疎開船が軍艦ではなかった」ことを理由に、土壇場で疎開を取りやめた。あとから考えれば、これが大きな運命の分かれ目となった。

結局、対馬丸には船員や兵員も合わせると一八〇〇人近くもの人々が乗船したと推計されている。

長崎への航海は、船団を組んで行われることになっていた。対馬丸のほか、同じく疎開民を乗せた和浦丸、暁空丸《ぎょうくうまる》という二隻の貨物船と、宇治と蓮《はす》という二隻の護衛艦から成る船団である。船団は「ナモ一〇三船団」と命名された。

午後六時三十五分、対馬丸はいよいよ出航。速やかにほかの船と合流し、一つの船団が形成された。

一路、船団は北に向かって進んでいった。

笑顔を見せる子供たち

対馬丸の船体は、中央に機関室や乗組員の居住区があり、その前後にいくつもの船倉が設けられていた。船倉とは本来、積載物を置くための空間であるが、戦時中は輸送される兵員の寝起きする場所として使用されていた。

対馬丸では、船首側の船倉に学童、船尾側の船倉には一般の疎開者が主に振り分けられた。子供たちは窓一つないこの船倉に戸惑った。風通しも悪く、蒸し風呂のような暑さだった。この日の夜には、夕食としてカレーが出た。子供たちはとても喜び、一様に笑みを浮かべた。

同夜は、波もわりと穏やかだった。そんななか、船団は灯火管制のもと、先を急いだ。しかし、対馬丸にはすでに異常が起きていた。機関部で故障が発生したのである。そのため本来なら十四ノット（時速約二十六キロ）ほど出るはずの速力が、約九ノット（時速約十六・六キロ）まで低下してしまった。

対馬丸は船団から遅れがちとなった。船団は予定よりも縦に伸びた状態で進んだ。

翌二十二日、子供たちには「勝手に甲板に出てはいけない」と指示が出された。しかし、何人かの男の子たちは船内を歩き回るなど、「探検」を楽しんだ。蒸し暑い船倉にずっと閉じこもっていることは、元気の良い少年たちには無理な話であった。その一方、船酔いに苦しむ子も少なくなかったという。

子供たちはいくつかの班に分けられていた。班長が班員の食事を取りに行ったり、点呼などの役目を果たした。

引率の教員からは、救命胴衣の着方などを教わった。学校ごとに緊急時の退避訓練も行われた。また、

「海に物を捨てるな」

と教えられた。「敵に航跡を知られてしまうから」とのことであった。さらに、

「万が一、船が沈む時はベルが三回鳴らされる」

とも伝えられた。

ナモ一〇三船団は敵潜水艦の攻撃を警戒し、ジグザグに進みながら長崎を目指した。

しかし、じつはこの時、船はすでに敵潜水艦に追尾されていたのである。

迫り来る危機

対馬丸を追っていた米軍の潜水艦「ボーフィン」は、一九四二年に進水。「真珠湾の復讐鬼」とのニックネームを冠された新型の潜水艦である。

ボーフィンはそれまでにも多くの日本の艦船を沈めていた。最高速力は二十ノット（時速約三十七キロ）にも達した。

ボーフィンは対馬丸を含むナモ一〇三船団を追尾し、浮上と潜航を繰り返しながら攻撃の機会を探っていた。やがてボーフィンは鹿児島県トカラ列島の悪石島に先回りし、待ち伏せて魚雷攻撃を加えることにした。

対馬丸が那覇港を出て二日目の午後には、何度か雨が降った。近くで台風が発生し、天候は不安定になりつつあった。

そんななか、日本側もレーダー探知により、敵潜水艦の存在を察知。船団の駆逐艦「蓮」が捜索したが、艦影を発見することはできなかった。

対馬丸の船員たちも、双眼鏡での見張りに全力を注いだ。

しかし、ボーフィンはそんな船団の動きを冷静に分析していた。そして、船団の中で最も速力の遅い対馬丸が、魚雷攻撃の標的として選定された。

対馬丸の乗員の大半が子供だったことは、ボーフィンの乗組員も知らなかったとされる。

魚雷攻撃

対馬丸の航海が一瞬のうちに崩壊したのは、二十二日の午後十時十二分頃のことである。場所は悪石島の北西約十キロの辺りであった。

海面に浮上したボーフィンは、対馬丸に向けて立て続けに魚雷を発射。対馬丸の見張り役がその雷跡に気づいたが、回避する時間はすでに残されていなかった。

まず左舷前方で大きな爆発音が起こった。その後も何本もの魚雷が対馬丸を襲った。その時の様子を上原清はこう語る。

「私はその夜、先生の目を盗んで船倉ではなく甲板で寝ていました。すると突然、爆発音がして船が大きく揺れました。驚いて起き上がると、続けてボーン、ボーンと爆発音が響きました。ただし、海中での爆発だからでしょうか、鋭い炸裂音というよりも、ドラム缶を叩くような鈍い音でした」

船団の中で被弾したのは対馬丸だけだった。潜水艦の攻撃に気づいたほかの船は、この海域から全速力で脱出した。護衛艦も対馬丸の救援には回らなかった。

対馬丸が学童疎開船として使われていることを知らなかったのはボーフィンの乗組員だけでなく、じつは護衛艦に乗っていた日本軍兵士の大半も同様であった。彼らは対馬丸を通常の貨物船だと思っていたのである。護衛艦の兵士たちは戦後になって「対馬丸事件」の全容を知り、悔しさと罪悪感に苛《さいな》まれることになる。

対馬丸の船内では、護衛艦の乗組員が想像もしないような光景が繰り広げられていた。

船はみるみるうちに沈み出した。船体に空いた穴から、大量の海水が一挙に流入してくる。

対馬丸の船員だった中島高男は、その時の光景をこう回想する。

〈海水がものすごい勢いで流れこんでいました。悲鳴やわめき声など、なんとも表現できない大きな声が、いや音でしょうか、暗い船底からわき上がっていました。闇の中をおおぜいの人々が、もだえ、おぼれ、苦しんでいるようすがかすかに見えました。おそろしい光景でした。(略)その大半は子どもたちでした。逆立ちの状態で、足を水面に出している者もいます。体をはなれたくつや帽子、服なども、人にまじって渦まいています。しかも、水の勢いは強まる一方です〉(『満天の星』〔対馬丸事件取材班著　文芸社刊〕)

もともと積載物のための空間だった船倉には、甲板に上がる階段の数が少なかった。そのため階段とその周辺で大渋滞が起き、子供たちは速やかに甲板に上がることができなかった。上原は次のように振り返る。

「先生が『こっちだ!』と叫びながら誘導しようとしていたのですが、子供たちはなかなか上がってくることができないようでした。私は甲板にいたので助かりましたが、船倉にいた子たちは本当に可哀想だったと思います」

沈没

対馬丸の船員たちは、すぐに救命ボートを海上に降ろした。しかし、救命ボートの定員など微々たるものであった。船員たちはさらに、遭難時のために用意しておいたイカダを次々と海に投げ込んだ。イカダには木でできたものもあれば、竹を組んだだけの簡易的なものもあった。

やがて、大きなベルの音が三回、鳴り響いた。

「退船！」

「海に飛び込め」

といった声があちこちからあがった。

しかし、大型貨物船である対馬丸の甲板から海上までは、かなりの高さがあった。子供たちの多くは、恐怖から海に飛び込むことができなかった。

やがて船員から、より強い指示が出るようになった。上原はこう語る。

「メガホンを持った船員が『飛び込み用意！』と大きな声で言いました。それで男の子たちは手摺によじ上り、横一列に並んで海に向かって立ちました。すると、学童のリーダーだった子が、船員からの命令の前に『飛び込め！』と叫びました。私たちはそれで一斉に海に飛び込みました」

他方、次のような光景もあった。当時、十一歳だった田場兼靖はこう記述する。

〈船のいちばん上の甲板では、船員が手あたりしだいに疎開者たちを海に投げこんでいた。私はなんとなく、船員から投げこまれるのがいやだった。自分でとびこもうと思った。そこには舷側がない。縁に立つと、一歩の差で下は海だ。だが、私はスクラムを組んだ二人がおじけているために、うしろへひっぱられて、とびこむことができなかった。

船はずいぶんかたむいた。

（早く！）

私はあせって、ひょいと足を出した。すると、私のからだの重みで、三人は海に落ちた。跳んだのでなく落ちたのだった〉（『対馬丸』〔大城立裕著　理論社刊〕）

その後も、

「先生、助けて！」

「あんまー（お母さん）！」

といった声が船上の至るところでこだました。その間にも、船はどんどん傾いていった。

対馬丸は最後、船首を上にしてほぼ垂直となり、海中に消えていった。

沈没までの時間は、被弾からわずか十分ほどだったとされる。船倉にいた子供たちの多くが、甲板に上がることができないまま、船とともに海中に沈んだ。

漂流者たち

船から海に飛び込んだ子供たちは、丸太や木箱、ドラム缶、樽《たる》などの浮遊物になんとか捕まろうとした。流れ出た重油が身体にまとわりついた。すでに辺り一帯に多くの死体が浮いていた。

子供を救出するために尽力する船員や、自分の救命胴衣を他者に譲った兵士がいた一方、次のような哀しい光景もあった。当時、国民学校の四年生だった平良啓子はこう記す。

〈五十メートル先で人々のざわめきが聞こえる。私もあそこへ行こうと向きを変えると、大きな物体と屍《しかばね》の群で抜け出せそうにもない。頼みの醤油樽《しょうゆだる》がじゃまになったので放り投げてしまった。浪の揺れるままに、ひとかたまりになっている屍を踏み分け、やっと這《は》い出ることができた。そこからは、救命胴衣を頼りにざわめく方へ泳いで行った。

そこでは、一つのイカダを何十人もの人々が、奪い合っている。すがりついても、力のあるものが、力の弱い者を振り落としてくい下がって行く。やっと這い上がったかと思うと、また

次の人に引きずり落とされる〉（『あゝ学童疎開船対馬丸』〔新里清篤編　対馬丸遭難者遺族会刊〕ルビは引用者による）

八月といえども、夜の海は冷たかった。冷えが漂流者たちの気力と体力を奪っていった。

そんななか、青白い夜光虫がやけに美しく輝いていたという。

その後も一人、また一人と海中に消えていった。やがて悲鳴さえも聞こえなくなり、周囲は不気味な静けさに包まれた。この辺り一帯の海は潮の流れが速く、身体を浮かせているのも困難だった。

翌朝までに多くの者が亡くなった。生存者たちはあちこちに流されたが、なかには運良く漁船に救助された者もいた。しかし、多くの漂流者たちの戦いはなおも続いた。

さらに悪いことに、台風が次第に接近していた関係で、波はより高くなっていった。

漂流者たちは喉の渇きに苦しめられた。雨が降ると、口を開けて雨粒を飲んだ。

引率教員の田名《だな》宗徳《そうとく》は、家族一緒に疎開する予定で、妻と八歳になる娘の圭子とともに対馬丸に乗っていた。

沈没後、圭子とは一緒にいることができたが、妻とは離れ離れになってしまった。しかし、イカダに乗って漂流している間に、運良く妻とも再会することができた。以後、家族三人でイカダに乗っていたが、遭難から三日目の夜、悲劇は起きた。田名はこう記す。

〈娘の圭子が飢えと寒さのせいか、しだいに冷えていくのがわかったが、両親そろっていて八歳になる娘を救うこともできず、かわいそうにそのまま凍死してしまった。妻は冷たくなった幼い子の屍体をだいて、涙のかれるまで泣いた。私は、この幼い者のなきがらを海中に投じる勇気がもてなかった。もし私でも妻でも生きのびられるなら、どこかに葬むってあげようと、泣きながら、屍体を流されないようにイカダに結びつけた〉（『対馬丸』）

また、田名によれば、サメによる犠牲者も出たという。

〈頭のおかしくなった老人が海に跳びこんだ。私たちがとめるのもかまわず、幾度もすきをみては試み、とうとう跳びこんだかと思うと、アッという間にむらがり寄る鱶《ふか》に食いつかれ、あたり一面真っ赤な血で染めて流れ、そして見えなくなった〉（『対馬丸』ルビは引用者による）

増えていく犠牲者

当時、中学生だった喜屋武盛守《きゃんせいしゅ》は、漂流時の光景を次のように回顧する。

〈イカダに乗れず、ロープをつかんで、ぶらさがったまま死んだ女がいた。背中に赤ん坊がいて、赤ん坊も死んでいた。船に積んであった爆雷にやられたのか、内出血をして、口から血をたらしていた。

この死体がにおいはじめた。死体をイカダから離そうとしたが、ロープをつかんだ手が硬直して、びくともしない。私はその指をむりやりこじあけ、海に流した〉(『海に沈んだ対馬丸』〔早乙女愛著　岩波ジュニア新書〕)

船員の中島高男は両足にケガを負いながらも、木や竹のイカダ六艘《そう》をロープで繋ぎ合わせ、そこに漂流者を乗せて救助した。救助活動に尽力することが、船員としての彼の矜持《きょうじ》であった。六艘のイカダには、中島を含め八人が乗っていたという。一人は赤ん坊を背負った女性だった。

そんな漂流生活中のある夜のことを、中島はこう記す。

〈夜の海上は見るものもなく、疲れたせいか眠くなってきました。ふと気づくと、どこか平らなところで長々と寝る夢を見ていました。考える力がなくなった頭の中は、ただゆっくりと眠りたいという思いばかりが強くなっていきました。

そのとき突然、ドボンという大きな水の音がしました。前のいかだに乗っていた若い娘さんが海へ落ちたのです。あっという間にいかだから五、六メートルはなれてしまいました。助けてと叫びながら、もがいています。わたしは夢中で海に飛びこみ、やっといかだの上へ引き上げました。なんとか息をととのえてから、

「みんな、眠らないでいかだによくつかまっているんだ」

と、注意しました。それは自分に言い聞かせる言葉だったかもしれません〉（『満天の星』）
数日間の漂流の末、中島らのイカダは海軍の巡視艇に救助された。

沖縄戦へ

上原清もイカダで漂流していた。

「私が一番つらかったのは、喉の渇きでした。海水を飲もうかと思ったこともありましたが、やはり飲めませんでした」

無論、飢えも深刻だった。

「一緒にイカダに乗っていた友人が、一匹のカワハギを捕まえたことがありました。その友人は歯でカワハギの皮を引きちぎると、わずかな身を皆に分けてくれました。小さな魚肉でしたが、あれは嬉しかったですね」

上原たちは結局、六日間も漂流した末、沈没地点から約百五十キロも離れた奄美大島に漂着した。

この対馬丸事件の犠牲者数は、約一五〇〇人にも及んだ。そのうちの八百人ほどが子供であった。

救助された者たちの多くは、鹿児島県の病院や旅館に収容された。

彼らには「箝口令《かんこうれい》」が出された。遭難のことを固く口止めされたのである。これは事件が明るみとなって疎開計画がさらに遅延することを危惧《きぐ》しての対応であったと言われている。

しかし、対馬丸が遭難したという情報は結局、沖縄じゅうに広がっていった。

＊

対馬丸事件の二ヶ月後にあたる十月十日、沖縄は大空襲に見舞われた。俗に言う「十・十空襲」である。

約一四〇〇機もの米軍機による九時間にも及ぶ波状攻撃の結果、那覇市の大半が焼き払われ、死者数は約七百人に達した。

昭和二十（一九四五）年三月からは、ついに沖縄戦が勃発。約十二万人もの県民が犠牲になったとされる。

対馬丸事件でなんとか生き残り、鹿児島や宮崎などで疎開生活を続けていた子供たちの多くが、終戦後に両親の死と直面することになった。

第八章　尖閣諸島戦時遭難事件

戦時中の尖閣諸島で起きた秘話

「尖閣諸島」という言葉を聞くと、日本人は何を思い出すであろうか。大半の方は、中国の領土的野心について連想するであろう。中国がその覇権主義を剝き出しにする現状においては、当然の帰結である。

だが、この島で起きた戦時中の「秘話」についても、ぜひ知ってほしい。この島は、決して忘却してはいけない事件の歴史的舞台でもあったのである。

大東亜戦争終戦の前月にあたる昭和二十（一九四五）年七月、沖縄県の石垣島から台湾へ向かう二隻の疎開船が、米軍機の攻撃に晒された。

これが「尖閣諸島戦時遭難事件」の始まりである。

＊

「友福丸（第一千早丸）」と「一心丸（第五千早丸）」という二隻の小型船が石垣島の港を出たのは、六月三十日の夜のことであった。米軍による石垣島への空襲や艦砲射撃が日に日に激しさを増すなか、民間人に対する台湾への避難指示が出された結果である。

船に乗っていたのは、一部の軍人や軍属を除き、その大半が老人や女性、そして子供であった。二隻を合わせた乗員の総数は、百八十名余りだったと推計されている。ただし、混乱のなかでの出発であり、正確な数字はわかっていない。

石垣島を出た友福丸と一心丸は、七月一日の午前二時頃に西表島の港に寄港。同日の夜に改めて出航する予定であった。

しかし、友福丸の機関に故障が発生したため、出航は延期された。結局、二隻が西表島を出たのは、七月二日の夜となった。

米軍の攻撃を回避するため、二隻は最短航路ではなく尖閣諸島の近海を迂回《うかい》するルートを選択した。夜に出発したのも、敵に見つかりやすい昼間の航行時間を短くするためである。

だが、結果としては、そのような努力は実らなかった。

翌三日の午後二時頃、敵は空から現れた。二隻の上空に米軍の爆撃機が急接近してきたのである。二隻はちょうど、尖閣諸島の付近を航行中だった。

爆撃機は一気に低空飛行に入り、二隻に向けて激しい機銃掃射を始めた。

一心丸は備え付けられていたわずかな機銃で果敢に応戦したが、甲板にいた疎開民たちはあえなく薙《な》ぎ倒されていった。この事件の生存者の一人であり、当時、二十四歳だった大浜史という女性は、のちにこう記している。

〈今、目の前で助けを求めていた人の声がパッと消えて、その人の肉が私の顔や手足のいたる所にベトベトとついて自分が怪我をしているのか、それとも他人が怪我をしているのか見分けがつかない修羅《しゅら》の巷《ちまた》と化してしまいました〉（『市民の戦時・戦後体験記録　第一集』〔石垣市市史編集室編〕ルビは引用者による）

次々と奪われる民間人の命

甲板上は一瞬にして血に塗《まみ》れた。女性の絶叫や、子供たちの泣き叫ぶ声で船上はまさに「地獄絵図」となった。米軍機はその後も攻撃を執拗に繰り返した。

やがて、一心丸の船体から轟音《ごうおん》とともに大きな黒煙が上がった。燃料タンク（弾薬という説も有）が爆発を起こしたのである。

燃料タンクは船体の中央部にあったため、乗客たちは船の前方部と後方部に退避した。炎は一気に燃え広がった。とりわけ船尾のほうが火の回りが早かった。

爆発の結果、船内への浸水が始まった。行き場を失った乗客たちはやむなく、海へと飛び込んだ。

しかし、彼らに安全な場所などすでになかった。波間に浮かぶ漂流者たちに対しても、容赦《ようしゃ》のない機銃攻撃が浴びせられたのである。

米軍機の搭乗員の目にも、一心丸が軍艦などではなく、その乗員の大半が民間人であったことは容易に認識できたはずである。しかし、疎開民への攻撃は一向に止まなかった。

結局、一心丸は沈没。海の藻屑《もくず》と消えた。

生存者たちはなんとか波間に身体を浮かせようとしたが、老人や幼児など、体力のない者から海中に消えていった。

尖閣諸島・魚釣島《うおつりじま》へ

同様の悲劇は、友福丸でも発生していた。
当時、三人の幼い子供を連れて友福丸に乗船していた慶田城秀はこう回想する。
〈しばらくすると、敵の大型機が現われ、私たちの船に襲いかかった。バリ、バリッ……と機銃弾がそこらにはじけ、たちまち大騒ぎとなった。私はとっさに、おにぎりを入れてあった竹籠《たけかご》を息子（長男）の頭の上に置いてかばった。気づいてみると、なんと息子の首筋から右肩が真っ赤になっている。即死であった〉（『市民の戦時・戦後体験記録　第二集』〔石垣市市史編集室編〕ルビは引用者による）
友福丸にも多くの犠牲者が出た。ただし、友福丸では一心丸のような燃料タンクの炎上は起きなかったため、沈没は免れることができた。

爆撃機が去ったあと、友福丸の船員たちは一心丸の乗客への救助活動に入った。船員たちは救助ボートやロープを使って、波間に浮かぶ人々を救出した。こうして漂流者たちは、友福丸に収容された。婦女子が優先的に救助されたという。

しかし、友福丸も機関部分を損傷していた。それでもなんとか航行を続けていたが、やがてエンジンが停止。航行不能の状態に陥ってしまった。

こうして友福丸は、大勢の負傷者を抱えながら尖閣諸島の沖合を漂流することになった。真夏の強烈な太陽が照りつけるなか、船上はうだるような暑さだった。生存者たちは深刻な水不足に苦しめられた。

そんななか、一心丸で機関長を務めていた金城珍吉が、仲間たちとともに友福丸の機関部の修復を始めた。金城はこの時のことをのちにこう綴っている。

〈初めからやりなおしでパイプ類をまげなおし石油タンクをデッキに上げ、それに長い棒をくくり付け四人掛りで、ポンプをおさせた。それが成功しバーナーが勢い良く吹き始めた〉(『沖縄県史　第10巻』〔沖縄県教育委員会編・刊〕)

一夜明けた四日の午前七時頃、金城らの懸命の作業の結果、友福丸は再び航行する力を取り戻した。船内の人々からは、

「助かった！」

といった歓喜の声があがった。

友福丸が目指した先は、尖閣諸島の魚釣島だった。

かつて鰹節《かつおぶし》の加工で賑《にぎ》わった魚釣島だが、この時は無人島になっていた。しかし、以前に鰹漁の際に魚釣島に滞在した経験があるという一人の漁師から、

「あの島には湧き水がある」

という話がもたらされたのである。

友福丸はこうして魚釣島に向かった。飲み水を確保することが、上陸の最大の目的であった。

しかし、彼らの悲劇はなおも続くのである。

無人島生活の始まり

石垣島の北西約百七十キロの位置に連なる尖閣諸島は、魚釣島や北小島《きたこじま》、南小島《みなみこじま》、久場島《くばしま》、大正島《たいしょうとう》などの島々から構成される。

三・八平方キロメートルほどの面積を持つ魚釣島は、その中で最大の島である。明治時代には筑後国上妻郡（現・福岡県八女市《やめし》）出身の実業家である古賀辰四郎が、島内に鰹節工場を建設。船着場も設けられた。最盛期には二百五十名ほどが暮らしていたとされるが、昭和十五

（一九四〇）年に事業は停止。人々は島を去った。

それから五年後、疎開船を攻撃された漂流者たちが、無人島となっていたこの島に上陸を果たしたのである。昭和二十（一九四五）年七月四日のことであった。

この時に上陸した人の数は正確には不明であるが、百二十名以上はいたという証言が多い。漁師が話した通り、島内には確かに天然の湧き水があった。漂流者たちはこの湧き水によって、ようやく喉の渇きを癒すことができた。しかし、かつて人が住んでいた家の跡などは、すでにほぼ失われていた。

その後、石垣島に救助を求めに行くために、一部の者たちが友福丸に戻った。だが、直したばかりの機関が再び故障。計画は断念せざるをえなくなってしまった。友福丸はやむなく海上に投棄された。

こうして漂流者たちは、魚釣島に閉じ込められるかたちとなった。この島で救助が来るのを待つ日々へと入ったのである。

彼らを取り巻く状況は極めて悪かった。米軍機の攻撃時に重傷を負った者も多く、傷跡にはすぐにウジが湧いた。遭難者の一人である石垣ミチはこんな話を伝える。

〈朝鮮の女の方で腕をやられ、わずか皮だけで腕がぶらさがり、その腕から湯呑み茶わんいっぱいくらいのウジがでてきました。この方は泣きながら、ぶらさがっている腕を切ってくれと嘆願して、どうにもならないのでカミソリで切ってやりました〉（『沖縄県史　第10巻』）

飢餓地獄

漂流者たちは島内に群生するクバ（ビロウ）などを重ねて屋根代わりにし、その下で暮らし始めた。魚釣島には多くのクバが生い茂っていた。

しかし、南国特有の強烈な陽光の影響で、葉はすぐに枯れて萎《しお》れてしまう。そのため、漂流者たちは毎日のように追加のクバを採りに行くことになった。

時には激しい雨が降ることもあったが、クバの葉で雨粒を凌ぐことはほとんどできなかった。漂流者たちの主食となったのも、このクバの茎や若葉であった。当初は船内にあった米や味噌、各自の携行食などを集め、共同で炊事をして分け合いながら食べていた。しかし、少ない具の量を巡って、諍《いさか》いが起こることもあった。その後、それらの食糧が尽きると、各自で食べ物を調達するようになった。

漂流者たちはクバの茎をそのまま生で食べたり、水煮にしたりした。そのほか、サフナ（長命草）やミズナ（ニンブトゥカー）なども口にしてなんとか飢えを凌いだ。

漁のできる技術や体力のある者は魚や貝、海藻などを採集した。ヤドカリやトカゲを捕まえて食べる者もいた。岩の窪みに溜まったわずかな塩を集めて舐《な》めた。

それでも食糧はまったく足りなかった。一部には、食糧を独り占めしようとしたり、他人の分を盗み取ろうとする者も出た。五人の子供を連れた母親だった花木芳は、島での体験をこう記す。

〈そのうちに食べものも無くなり、栄養失調になって動けなくなってからは、顔も体もよごれ放題、青ぶくれしてお腹も腫《は》れて、このまま死んで行くのではないかと思っていた。

島で一番初めに亡くなったのは、離れに住んでいたンミ（婆さん）だった。くばの葉の下に、手を組んで膝を抱いて座るようにしていらっしゃるので、「ご飯ですよう」と声をかけても聞きなさらないから、「婆ちゃんを呼んでおいで」と子どもをよこしたら、「あのばあさん、死んでいるよ」と子どもにいわれて初めて知った〉（『市民の戦時・戦後体験記録　第二集』ルビは引用者による）

毒のある豆を食べた者が中毒死する事件も起きた。当時、十歳だった石垣正子は、次のように回顧している。

〈ある日、キヌ姉が山の向こう側の浜に豆が生えていると言うので、二人で豆を取りに行きました。それは丸っこい葉で蔓《つる》がそこらいっぱいにのびて、空豆に似た豆がいっぱい生えていました。その豆を煮て食べたら吐いたり下したりで、キヌ姉は祖母にさんざん叱られ、キヌ姉はどうしてこんなになるまで食べるのと私を怒り、大変な事になりました。この毒豆で死んだ幼子もありました〉(『沈黙の叫び』〔尖閣列島戦時遭難死没者慰霊之碑建立事業期成会編　南山舎刊〕ルビは引用者による)

このような毒豆を食わずとも、重い下痢《げり》に悩まされる者が多かった。こうして彼らの身体は、みるみる衰弱していった。重度の栄養失調に陥る者が続出し、餓死者が相次いだ。隣で寝ている者が、翌朝には冷たくなっているということもあった。当時、十七歳だった屋部兼久は次のように証言する。

〈上陸してからも毎日毎日、人が死んで行きました。弱った老人がたおれ、負傷した人、子供の順で死んで行くのです。埋葬しようにも硬い岩根の島で、穴が掘れないのです。離れた所に石をつみ上げてとむらいました〉(『沖縄県史　第10巻』)

決死の脱出計画

島には時折、米軍からの空襲もあった。状況は悪化する一方であった。

絶望的な日々が続くなか、状況を打破するための一つの試みが始まった。八月上旬、一部の者たちが「サバニ」と呼ばれる小さな帆船の製作を始めたのである。サバニは南西諸島で古くから漁のために使われてきた小舟だが、漂流者の中に船大工がいたのだった。流れの速い黒潮に囲まれた魚釣島には、岸に何隻かの難破船の残骸があった。それらの難破船の木材や釘が、サバニの貴重な材料となった。

釘は錆《さ》びついていたものを伸ばして使った。女性たちが衣服などを縫い合わせて、船の帆をつくった。

こうして全長五メートル、幅二メートルほどのサバニがついに完成した。敵機からの機銃攻撃によって船体に穴が開いた場合のことを考えて、様々な大きさの木の栓も用意した。止水用の栓である。

こうしてこの船を使って石垣島まで連絡を取りに行く「決死隊」が結成された。選ばれたメンバーは、一心丸の機関長だった金城珍吉をはじめとする九名の男たちである。

決死隊が魚釣島を出たのは、八月十二日の夕方であった。九名は島に残る者たちが歌う「かりゆし」の歌声とともに送り出された。

十分な材料もないなかで急造したサバニでの航海は、まさに死を覚悟したものだった。決死隊の面々は出発前、自身の頭髪や爪を切り、島に残る者たちに預けていた。もしもの時の「かたみ」であった。

サバニはやがて島の沖合に出たが、風向きは順風とは言えなかった。六名が漕ぎ手となって、懸命に櫂《かい》を漕ぎ続けた。

翌十三日は、不運にもほとんど無風となった。

さらに途中、三回ほど米軍機が上空に現れた。しかし、そんな危機にも「決死隊」は冷静であった。彼らはサバニをわざと転覆させて船の下に身を隠し、無人の転覆船を装ってやり過ごしたのである。

十四日、ついにサバニは石垣島に到着。駐屯する日本軍の守備隊に遭難の情報を伝え、救助を求めることができた。

魚釣島から見えた「日の丸」

翌十五日、大東亜戦争は終結。日本は敗戦国となった。

しかし、魚釣島に残っている者たちは玉音放送のことなどもちろん知らず、助けが来るのをひたすら待っていた。

魚釣島の上空に日本軍の機体が姿を現したのは、十六日のことである。最初、機影を発見した漂流者たちは、

（また敵機か）

と思い、岩陰に身を隠した。しかし、機体に「日の丸」が見えると、一斉に歓喜の声をあげた。彼らは涙を流して喜び合い、機体に向けて懸命に手を振った。

島の上空を旋回した機体は、落下傘に吊《つ》るした筒を落として飛び去っていった。筒の中には、乾パンや金平糖などの食糧が入っていた。魚釣島には航空機が着陸できるような場所がないため、救助は艦船で行うことになったが、まずは食糧の投下を実行したのである。

食糧を得た漂流者たちは、

(もう大丈夫)

と心から安堵《あんど》した。

しかし、中には身体が衰弱し切っていて、もはや手遅れの者もいた。分けてもらったばかりの金平糖を握りしめながら息絶えた者もいたという。

それから二日後の十八日の早朝、漂流者たちは島に近づいてくる三隻の救助船を発見した。彼らはクバの葉を燃やした煙で合図を送った。

救出された者たちにはお粥《かゆ》などが振る舞われたが、深刻な飢餓状態が続いていた人々の胃袋は、すぐには食べ物を受け付けなかった。それでも生存者たちの顔には笑みが浮かんだ。

彼らは次々と救助船に収容されたが、島で亡くなった者たちの遺骨を持ち帰ることはできなかった。

そして、彼らは日本の敗戦を知った。

帰還後に起きた悲劇

救助船は八月十九日に石垣島の港に帰港。桟橋には出迎えの人たちが多く集まっていた。家族五人を失っての帰港となった黒沢淳子のもとには、叔母が出迎えに来ていた。黒沢はこの時のことを後にこう語っている。

〈叔母は、髪の毛が抜け、やせこけているのでわたしだと分からなかった。コールタールのように真っ黒になったわたしの前を通り過ぎていった〉（『琉球新報』二〇〇五年六月二十七日付）

台湾に向けて石垣島を出発した日から、すでに約五十日が過ぎていた。

魚釣島から生還することができたにもかかわらず、その後に栄養失調などの影響で命を落とした子供たちもいた。

また、救助船が来た時にちょうど海鳥の卵を探しに行っていた数名が、魚釣島に置き去りにされているという事実が発覚。その後、救助活動が行われたが、すでに息のない者もいたという。

この一連の遭難事件の犠牲者数には諸説あるが、米軍の銃撃から魚釣島で死亡した方々すべてを含めると、延べ百名前後の方々が命を落としたのではないかとされている。

＊

終戦翌年の昭和二十一（一九四六）年、遺族らによる魚釣島への遺骨収集が行われた。昭和四十四（一九六九）年には、当時の石垣市長らが魚釣島に上陸。「台湾疎開石垣町民遭難者慰霊碑」が建立され、慰霊祭が執り行われた。

尖閣諸島の魚釣島に石垣市が1969年5月、行政管轄を示す標石と同時に建てた「台湾疎開石垣町民遭難者慰霊碑」（朝日新聞社／時事通信フォト）

しかし以降、魚釣島での慰霊祭は、一度も実行されていない。

遺骨収集も進む気配がない。多くの御遺骨はいまだ島内に取り残されたままである。

第九章　葛根廟《かっこんびょう》事件

ソ連軍による大虐殺事件

昭和二十（一九四五）年八月八日、ソ連は日ソ中立条約を一方的に破棄するかたちで、日本に宣戦を布告した。同年四月五日にソ連は同条約の不延長を日本に通告していたが、その後も一年間は有効だったため、条約違反は明らかであった。

八月九日未明、ソ連軍が満洲国への侵攻を開始。日ソ中立条約には「満洲国の領土の保全と不可侵」という内容も含まれていたが、八十個師団にも及ぶ極東ソ連軍約百五十七万人が、三方向から満洲国への攻撃を始めたのである。

この侵攻の背景にあったのが「ヤルタ密約」であった。遡《さかのぼ》ること同年二月四日、クリミア半島のヤルタの地にアメリカのルーズベルト、イギリスのチャーチル、ソ連のスターリンが集まった。この会談において「ソ連はドイツ降伏三ヶ月後に対日参戦する」という秘密協定が交わされていたのである。スターリンはこの時、その見返りとして「(日本領である）南樺太と千島列島の引き渡し」などを要求し、ルーズベルトはこれを承諾した。これについては次の第十章で改めて触れる。

ソ連は六月に「対日戦略基本構想」を策定。この構想は二段階から構成されており、その第一段階が満洲国への進軍、第二段階が南樺太や千島列島といった日本領への進軍という骨子になっていた。

本章ではこの第一段階である満洲国への侵攻時に起こった虐殺事件について記す。千数百人もの日本の民間人がソ連軍によって虐殺された「葛根廟事件」である。

葛根廟事件の犠牲者の九割ほどは婦女子であった。満洲国ではソ連軍による多くの虐殺事件が起きているが、なかでも葛根廟事件は最大規模のものである。

しかし、今ではその名前さえ知らない人が大半であろう。

一方的な侵攻

葛根廟事件の被害者となったのは、満洲国興安総省《こうあんそうしょう》の省都である興安街《こうあんがい》に住んでいた人々であった。現在では中国の内モンゴル自治区となっている地域である。

戦前戦中、興安街とその近辺には、日本からの開拓移民が多く暮らしていた。土地の買収などを巡って問題が起こることもあったが、移民一人ひとりは現地の人々と一定の交流を持ちながら平穏に生活している人たちがほとんどであった。街には神社（興安神社）や国民学校（興安在満国民学校）などがあった。

戦時中も大きな戦闘はなく、住民は静かな日々を送っていた。

興安街には三〇〇〇人ほどの邦人が暮らしていたとされる。一時は四〇〇〇人ほどまで増えた時期もあったが、戦争が長期化すると成人男性の現地召集によってその数は減少した。「根こそぎ動員」により、住民の大半は女性や子供、老人となっていた。

こうして迎えた昭和二十年八月九日、ソ連軍は国境を越えて満洲国に侵攻。スターリンは当初、十一日の侵攻を命じていたが、六日にアメリカが広島に原子爆弾を投下したことを受け、予定を早めたのだった。

一方、満洲国を防御するはずの関東軍は、その主力をすでに太平洋の戦線などに移しており、戦力は著しく低下していた。

これは日ソ中立条約を過信した結果である。あるいは関東軍の減少による抑止力の低下が、ソ連軍の一方的な侵攻を招いた面もあったと言える。

それでも国境付近では、爆雷を抱えた兵士が敵戦車に飛び込むなど、果敢な肉弾戦を繰り広げた守備隊もあった。しかしその一方で、早々に後退した部隊も多く、このことは「関東軍は民間人を見捨てて逃げた」との声を在留邦人の間に生む契機となってしまった。

興安街への空襲

それまで平穏だった興安街の状況が一変したのは、十日の午前中である。十数機ものソ連軍機が興安街の上空に侵入し、爆撃や機銃掃射を始めたのだった。住民は防空壕などに退避したが、逃げ遅れた人々も多かった。市街地の建物は、軒並み大きく破壊された。

空襲は日付が変わっても断続的に行われた。

そんななか、住民たちは街から集団で退避することを決めた。居住地域によって東と西という二つのグループに分かれ、興安街から音徳爾《オンドル》という町を目指して徒歩で避難することにしたのである。音徳爾まではおよそ百キロの距離であった。

西グループは十一日の午前中に興安街を発った。しかし、東グループは集合に手間取り、出発が夜になってしまった。東グループはおよそ千数百人の集団だった。

たくさんの荷物を背負った女性や子供たちが、暗い夜道を歩き始めた。食糧や水のほか、着替えや紙幣などを持っての逃避行である。

なかには荷車を使う者たちもいた。そのほか、幼児や病人を乗せるための馬車が、一台だけ用意された。

関東軍の姿はすでになく、避難民たちは軍の庇護《ひご》を受けることがまったくできなかった。

その夜、東グループは興安街から東方へ四キロほど行ったウラハタという町に入り、学校や防空壕などで一夜を過ごした。炊き出しも行われたという。

東グループは住んでいた地区などによって、さらに七つの中隊に分かれた。選ばれた中隊長の指示のもと、より円滑に退避行動が進むよう、体制を整備したのである。

小銃や手榴弾などを持ったわずかな男性たちが、各中隊の護衛にあたった。グループ全体を率いるのは、興安総省で参事官を務めていた浅野良三である。

行き先は音徳爾から葛根廟に変更となった。女性や子供の疲弊や周囲の治安状況などを考慮し、まずは五十キロほど先の葛根廟を目指し、そこから鉄道を利用する計画に変更したのである。葛根廟には白阿線という路線の駅があった。

こうして翌十二日から、再び退避の旅が始まった。

昼間は八月の強烈な陽光に苦しめられた。やがて人によって歩く速度にかなりの差が見られるようになり、列は徐々に長く伸びていった。

道には衣服や鞄が落ちていた。前を行く人が、荷物を減らすために捨てたものであった。

十三日の夕方には、大雨が降った。

ソ連戦車部隊による攻撃

事件が起きたのは、出発から四日目、八月十四日である。

まず午前十時頃、一機のソ連軍機が低空で接近してきた。しかし、その機体は攻撃してくることもなく、その場を飛び去った。偵察機だったと思われる。

その後の正午前のことである。葛根廟駅を目指して歩く彼らの視界に不意に見えたのは、ソ連の戦車群であった。

「戦車だ！」

避難民たちは、たちまち攻撃の対象とされた。大規模な砲撃や銃撃が始まったのである。

場所は道の両脇にコーリャン畑などが広がる丘陵地帯のようなところであった。丘の先には、地名の由来となった葛根廟というチベット仏教の寺院が建っていた。

聖なる丘が凄惨《せいさん》な殺戮《さつりく》の場と化した。

ソ連側の資料を確認すると、この戦車群は第六十一戦車師団の一部だと思われる。本隊の燃料補給を待っている間に、先遣隊として葛根廟付近まで進出した部隊であったと考えられる。

空気を切り裂くような砲声と銃声を聞いた避難民たちは、コーリャン畑や窪地に飛び込んで身を伏せた。戦車が見えない位置にいた人々は、状況をよく把握できないまま退避した。当時、興安電報電話局の女性職員だった本田福江は、その時の様子をのちにこう証言している。

〈伏せてたから、音は聞こえるけれども、何も見えないでしょ。最初はてっきり飛行機だと思ったけど、飛行機にしては来るスピードが遅いしね。おかしいなァと思って頭を持ち上げて見ると、戦車なんです。四台ぐらい縦に並んで来てたのが見えたんです。伏せていた場所から五、六メートルと離れていないところを通り過ぎて行ってですね、一台通るたびに土がふくれ上がるし、キビは大きく揺れるし。そこから逃げることも、どうすることも出来ない。弾はヒューンと飛んで来て、プスッと地面に突き刺さって……。ヒューン、プスッ、ヒューン、プスッって〉(『葛根廟』〔読売新聞大阪本社社会部編　新風書房刊〕)

「キビ」とはコーリャンのことである。一緒に逃げていた仲の良い同僚の一人は、頭から大量の血を流して亡くなったという。

やがて戦車部隊だけでなく、歩兵や軍用車も姿を現した。当時、国民学校の四年生だった大島満吉は、以下のように述懐している。

〈日本兵が助けにきてくれたのかと思ったら、ソ連兵だったのです。私の背中のすぐ後ろで、日本人に向けていきなりダダダっと自動小銃を発射しました。ギャーという悲鳴、ブスブスっと銃弾が体に食い込む音……あっという間に30人ぐらいが殺されました〉(『産経新聞』平成二十七年十一月八日付)

殺戮の地獄絵図

グループを率いていた興安総省参事官の浅野良三は、白旗を用意してソ連軍に向けて掲げた。伝えられるところによると、浅野は、

「我々一行は非戦闘員だ。撃たないでくれ！」

などと叫びながら、戦車に近づこうとしたという。

しかし、そんな浅野の身体を無数の銃弾が襲った。浅野は射殺された。

戦車の数は十台以上に及んだ。土煙を上げながら、轟音とともに縦横無尽に走り回る。人々は逃げようとするが、身を隠せるような建物などもない。

「かあちゃん！」

「助けて」

そんな声があちこちから聞こえてくる。次々と薙《な》ぎ倒されていく人々。

ソ連兵は「マンドリン」と呼ばれる自動小銃を乱射した。わずかな兵器しか持たない日本側には、反撃する力もなかった。当時、国民学校の一年生だった川内光雄は次のように語っている。

〈私は、当時三十二歳だった母に抱かれ、大きな溝に転がり込むように逃げました。左肩に銃

弾を受け、「痛い」と振り向いたとき、すでに母は頭に銃弾を浴びていました。「おかあさーん」「おかあさーん」と母の体を夢中で揺すりました。母は、ばったりと倒れました。背中にすがりつき、わんわん泣きました。妹ともはぐれました。

（略）一晩中、母の遺体の横で、泣き明かしました〉（『西日本新聞』二〇〇五年七月十九日付）

辺り一帯には、生きているのか死んでいるのかさえわからない人々の肉体が無数に転がっていたが、戦車はそれらを踏みつけながら走った。

葛根廟の丘で繰り広げられたのは、無抵抗な民間人への明らかな虐殺であった。

そんな攻撃は、午後になっても続いた。

ソ連兵たちは倒れている日本人を見つけると、蹴飛ばしたり、銃で突いたりして生死を確認した。息がある者には銃弾を撃ち込むか、短剣を突き刺したりした。この時の様子を当時、国民学校の一年生で、馬車に乗せられていた守田隆一はこう記録している。

〈お父さんとお母さんが撃たれてしばらくすると戦車がとまり、何人ものソ連の兵隊が降りてきて、倒れている人や逃げていく人を片っ端から撃ち殺してゆきました。

一人の兵隊がとうとう馬車まできました。そして、一緒に乗っていた病気のおじいさんを引きずり降ろすと、パァーンと頭を撃ちました〉（『朔北《さくほく》の学友』）

子供だろうが老人だろうが、ソ連軍の攻撃に見境はなかった。戦車のキャタピラに轢《ひ》かれて膝から下をつぶされた人も、容赦なく殺害された。

子供を亡くした母親であろう、精神に異常を来たしたと思われる女性の金切り声が辺りにこだました。

自決する人々

その後、戦車群はようやく葛根廟の丘から去った。生存者の一人である小池うめは、その後に見た光景を以下のように述べている。

〈足元を見ないと、たくさんの死体で、何回も躓《つまず》いてころびそうになった。

転がっている人が手を上げていたので立ち止まってのぞくと、虚空の一点にカアーッと目を据《す》えたまままもう硬直した手だった。二十歳前後の若い女だった。その女の足もとに一緒に歩いていたのか十歳ぐらいの女の子の女の人と握っていた手が、はずれて可哀想に首から上は戦車に轢かれたのか完全に押しつぶされ半分土の中にめり込んでいた〉(『殺戮の草原』〔大櫛戊辰著　東葛商工新聞社刊〕ルビは引用者による)

運良く生き残った人たちの中にも、自決を決意する者たちが出始めた。ソ連軍に包囲されていると思われる状況下、重傷を負ってこれ以上の退避を諦める人や、ソ連兵からの陵辱《りょうじょく》を拒む女性、子供を失って絶望に打ちひしがれた母親などである。

（我が子と同じ場所で一緒に死のう）

と考えた母親たちは、無念の思いとともに次々と自ら命を絶った。

自決の方法は、刃物か銃による事例が多かったという。生き残りの一人である大櫛戊辰は、その惨状をこう回想している。

〈喉や手首を鋭利な刃物で切った女の人や子供……。自決したんでしょうね〉（『葛根廟』）

静まり返った血まみれの丘に時折、乾いた銃声が響いたという。

そのほか、青酸カリで命を絶つ者もいた。「もしもの時のため」と青酸カリを持参していた者たちもいたのである。

母子心中事件

自らの愛する子供たちと心中を図る母親もいた。当時、二十八歳の広久政子は、二歳の長女・節子と八ヶ月の長男・克彦を連れていた。政子は戦後に綴った手記の中でこう告白している。

〈……私は決行した。腰のハンカチで坊やの細い首をぎゅっと絞めたのだ。『坊や、許して、我慢してね。母ちゃんもすぐ後から行くの。坊やばかりやるんじゃないから、苦しいけど我慢してね。御免なさい。御免なさい』。ちょっと力が抜けると、吹き返してくる息。長く苦しませたくないばっかりに、一生懸命に引いた。がっくりと首がくびれて、あゝ、遂に私の坊やは死んでしまった。八月十四日。克彦は僅《わず》か八か月の命を母の手に奪い去られたのだ。亡骸はどうすることもできないので、草の上におむつを敷いて寝かした。顔をガーゼで掩《おお》ってやった〉

(『亡き子がわたしを呼ぶ』ルビは引用者による)

政子は次に長女の節子に青酸カリを飲ませた。そして、自分もすぐあとに続いた。

しかし、致死量に足りなかったのか、二人は死ぬことができなかった。

そのうちに、地元の農民などがこの混乱に乗じて略奪している様子が目に入った。暴徒と化した彼らは、鎌や包丁、棒などを持ち、遺体から衣服や所持品などを剝ぎ取っていた。

(見つかったら暴行される)

そう思った政子は、瀕死《ひんし》の節子を背負い、ほかの数名とともにその場を逃げ出した。

這《は》うようにして山の裏手へと逃げ込んだ彼女たちの目の前には、断崖が広がっていた。政子は節子をおぶったまま、崖の淵から飛び降りた。

(どうぞ死ねますように)

と祈りながら。

しかし、今度も死ぬことはできなかった。落下の衝撃で身体に激痛が走ったが、命にかかわるような重傷ではないようだった。節子にも息があった。

だがやがて、追い剝ぎの暴民たちが近づいてきた。政子は死んだふりをするしかなかった。暴民たちは節子を引き離し、政子の衣服をすべて剝いだ。それでも政子は我慢して死んだふりを続けた。

暴民たちはやがて去っていった。以降に起きたことについては、政子の手記から引こう。

〈泥土の上に無惨に放り出されて、俯伏《うつぶ》せに手足を伸ばしている裸の節子をそっと抱き起こしたら、ごろごろと咽喉《のど》が鳴って、大きな呼吸を一つ残して、こと切れた。どんなに苦しかったことだろう。『辛かっただろうね節子、御免なさいね、母ちゃんも行くから御免なさいね』。裸の腕にしっかり抱きしめた節子が、だんだん冷たくなってゆく。手も足も固くなってゆく。『あゝ、許して、許して』。抱いたまま草の上に身を投げて、私は身を悶《もだ》えて泣いた〉（『亡き子がわたしを呼ぶ』　ルビは引用者による）

さらなる逃避行

葛根廟の丘一面に亡骸が転がっていた。流れ出た血が、赤というよりもどす黒く、不気味に丘を染めていた。冷たくなった母親の乳房を吸い続ける赤ん坊の姿もあったという。

前日の雨水が溜まっている窪地があった。その水溜りの周囲には、とりわけ多くの遺体が折り重なっていた。最期に水を求めて集まってきたのであろう。

その水は血に染まっていたが、それを見つけた生存者たちは貪るようにしてその液体を飲んだ。

翌十五日に戦争は終わった。しかし、生存者たちはそんな事実を知ることもなく、さらなる逃避行を続けた。

葛根廟駅の付近にはソ連兵や暴民が多く、近づくことさえできなかった。避難民たちはいくつかの集団となって、満洲国の首都である新京まで歩くことにした。

彼らは深刻な飢えと渇きに襲われながら、ソ連軍兵士や暴民に見つからないよう、草原や畑の中を歩いた。

人のいない農家を見つけて、そこに隠されていた粟《あわ》で命を繋いだ者たちもいた。彼らは粟を炊いておにぎりをつくり、皆で分け合って貪り食った。しかし、その中の一人であった大櫛戊辰によれば、次のような哀しき光景もあったという。

〈「お母ちゃん、僕のごはんを取るなよ！」

早く喰《た》べ終った母親が、まだ我が子の手にある飯を取ろうとしていた。

「嫌だ！　嫌だ！　僕のだ！」

背をかがめ握り飯を胸に抱き、頭を埋めて必死になって防いでいる。その光景は、浅ましいとか物の哀れとかいうよりも、鬼気迫る餓鬼道の世界だった。愛とか美とか、糞《くそ》くらえだ。何が母性愛か何が仁道だ！〉（『殺戮の草原』ルビは引用者による）

八月といえども、夜になると身体が震えるほど気温が下がった。おぶっていた赤ん坊がいつの間にか死んでいたり、歩くことを諦めてその場に伏せる者もいた。

子供たちに対し、

「頑張って歩こうね」

「もうすぐだから元気だして」

などと励ましの声をかける大人もいれば、何も言わない人もいたし、

「泣くな。うるさい！　誰かに見つかったらどうするんだ！」

と怒りをぶつける者もいたという。

地図も方位磁石もない逃避行、目印の少ない大地では迷うことも多かった。疲労困憊《ひろうこんぱい》の果て

にたどり着いた場所が、数日前に自分たちがいた所だとわかった時の絶望は計り知れなかった。

ソ連兵や暴民に見つかった若い女性が、強姦される事件も複数起きた。

その一方、日本人に同情し、食事を分け与えてくれる現地の人々もいた。避難民たちはそんな時に「日本が戦争に負けた」という事実を知らされた。自分たちが虐殺にあった日の翌日に戦争が終わったことを知り、避難民たちは愕然《がくぜん》とし、脱力した。

結局、千数百人いた避難民のうち、生きて日本に帰国できたのはわずか百余名であった。現地に取り残された子供たちは残留孤児となり、それぞれ激動の戦後を過ごすことになった。

*

以上が葛根廟事件の概要である。

しかし、興安総省ではほかにも複数の虐殺事件が起きている。

八月十七日には、避難中の東京荏原《えばら》開拓団の一〇〇〇名近い人々が、地元の暴民による襲撃を受けた。避難民たちは包囲され、殺戮と略奪の対象とされた。開拓団の団長は自決。麻畑などに隠れた婦女子の中にも、多数の自決者が出た。

さらに二十五日には、仁義佛立講《じんぎぶつりゅうこう》開拓団の約四百名が、ソ連軍と暴民により虐殺された。

これらの事件は葛根廟事件と合わせ、「興安三事件」と呼ばれている。

そして、このような事件は興安総省だけでなく満洲各地で起きた。

ソ連兵と暴民による「満洲大虐殺」である。

第十章　北海道占領未遂事件

ヤルタ密約の存在

前章で述べた通り、スターリンはヤルタ密約に際し、対日参戦の見返りとして「南樺太と千島列島の引き渡し」などを要求。ルーズベルトはこれを承諾した。

その後、ソ連は「対日戦略基本構想」を策定。第一段階として満洲国、第二段階として南樺太や千島列島といった日本の北方地域が攻撃の対象地とされた。

しかし、じつはスターリンはそれだけではなく、北海道の北半分を占領することまで狙っていた。スターリンは「釧路と留萌《るもい》を結んだ北海道の北半分を占領する計画」をも有していたのである。南樺太や千島列島への侵攻は、北海道占領を見据《みす》えてのことであった。

ヤルタ密約に関しては、日本側も一定の情報を摑《つか》んでいた。スウェーデン駐在の情報将校である陸軍武官の小野寺信《おのでらまこと》は、密約の情報を得て、参謀本部に緊急電を送っている。

しかし、この情報は軍の上層部まで届かなかった。親ソ派が情報を握りつぶした可能性も指摘されている。

一方、ヤルタ密約によって一度はソ連の対日参戦を促したアメリカであったが、その後のドイツ降伏、原子爆弾の完成といった戦局の変化に伴い、その方針を一変。「ソ連の対日参戦は不要」という姿勢に転じていた。

こうしたアメリカの急変を受けて、スターリンは焦った。そこでスターリンは作戦の予定を前倒しして、南樺太と千島列島への侵攻を一気に開始したのである。

ソ連軍による南樺太への侵攻

昭和二十（一九四五）年八月十一日、ソ連軍は樺太全土の占領作戦を開始。当時の樺太は北緯五十度線を国境として、北部がソ連領、南部が日本領となっていた。これは日露戦争後に締結されたポーツマス条約の決定に拠るものである。

南樺太に住む日本人は約四十万人に及び、その中心都市である豊原には近代的な街並みが広がっていた。産業としては、石炭業や製紙業が盛んだった。

ソ連軍が南樺太への侵攻作戦に投入した総兵力は約二万人。戦車旅団を含む精鋭部隊であった。ソ連は南樺太を占領したうえで、北海道侵攻のための拠点とする計画だった。

樺太の南北を隔てる国境線付近では、侵攻してくるソ連軍に対し、日本軍守備隊が果敢に迎撃。激しい地上戦が勃発した。

ソ連軍自慢のT34中型戦車の突進に対し、日本軍は二個小隊が速射砲や機関銃で応戦。日本軍は一旦、ソ連軍の進軍を阻止したが、その後は次第に劣勢に追い込まれた。それでも日本軍の将兵たちは、斬り込み突撃や爆雷を背負っての自爆攻撃を繰り返すなど、懸命の戦いぶりを見せた。

そんななかで、十五日に日本はポツダム宣言を受諾。大東亜戦争は終結した。しかし、日本が降伏を表明しても、樺太におけるソ連軍の侵攻は終わらなかった。日本周辺のアメリカ軍は主だった戦闘行為を停止したが、ソ連軍は侵攻の手を止めなかったのである。翌十六日以降、ソ連軍による南樺太各地への空襲が始まり、新たな上陸軍が次々と投入された。明らかな国際法違反の不法侵攻であった。

これがソ連の本性だった。しかし戦争末期、日本政府はそんなソ連に「アメリカとの仲介役」を依頼していた。

第五章「ゾルゲ事件」で述べた通り、尾崎秀実《おざきほつみ》はソ連を「平和政策をもって帝国主義諸国間の抗争の外に立つ国」と信じてスパイ活動に生涯を捧げたが、その期待は虚しく裏切られたことになる。日本政府の中枢にいた多くの親ソ派たちは、終戦前後のソ連の蛮行に愕然とした。

大平炭坑病院の看護師たち

当時、南樺太の恵須取町《えすとるちょう》にある大平《たいへい》炭坑病院で看護師をしていた片山寿美《かたやますみ》は、玉音放送を病院附属の寄宿舎で聴いた。当時、二十七歳だった片山は、終戦を知って安堵したというのが正直なところだった。

しかし、彼女にとっての戦争はここからだった。片山はこう語る。

「終戦だと思って安心していたら、その翌日からソ連軍の空襲が始まりました。『どうして?』という信じられない思いでした」

大平炭坑病院の看護師たちは、空襲で怪我を負った人々への手当てに奔走したが、やがて「ソ連の上陸軍が接近中」との情報が入った。看護師たちはやむなく、北海道のある南方に向かって退避を始めた。十六日の夕方頃のことである。

彼女たちはソ連軍からの攻撃を避けるために山中の道を歩いたが、それでも飛行機による機銃掃射に晒された。片山が言う。

「兵隊と避難民の区別くらい付くだろうと思うんですがね。なぜ私たちをこんなに執拗に攻撃する必要があるのだろうかと不思議でなりませんでした。本当に怖い思いをしました」

そのうちに「すでに周囲をソ連兵に囲まれている」との情報がもたらされた。すると看護師たちにとって母親のような存在だった婦長の高橋フミが、ついにこう口にした。

「申しわけないけれども、ここで最期の時としましょうね」

それは集団自決の意思を告げる言葉であった。それを聞いた看護師たちに取り乱すような雰囲気はなかったと片山は語る。

「日本婦人として当然のこと。辱めを受ける者が一人でもあってはいけないと思いました」

看護師たちの数は二十三名。彼女たちは小高い丘の上に立つ一本の楡《にれ》の木の下に集まった。

彼女たちは草地に腰を下ろし、夜空を仰いだ。高橋婦長が言った。

「明けの明星が出る頃に決行しましょう」

看護師たちはそれまでの勤務生活の中での楽しかった思い出を語ったり、自分の至らなかった点を懺悔《ざんげ》したりした。それぞれの髪を互いに櫛《くし》で梳《と》かし合う者たちもいたという。

彼女たちは最後に歌を唄った。寄宿舎でもよく一緒に歌を唄っていた彼女たちが最後の曲として選んだのは、以前からよく皆で愛唱していた「山桜の歌」だった。

山ふところの山桜　一人匂える朝日かげ
見る人なしに今日もまた　明日や散りなんたそがれに

その後、起立して「君が代」を斉唱した。

集団自決事件

時はすでに十七日の明け方を迎えていた。

看護師といえども、彼女たちは青酸カリなどの毒物は持っていなかった。

手元にあったのは睡眠薬だった。彼女たちは睡眠薬を分けて口に含んだ。

麻酔薬を注射する者もいた。しかし、いずれも致死量には足りなかった。

そこで高橋婦長は、部下たちの手首に「切断刀」と呼ばれる大きめのメスの刃を入れていった。なかには一瞬ひるむ者もいたが、高橋婦長は、

「ごめんね」

と口にしながら、血管を次々と裂いていった。

それでも死に切れず、包帯で自分の首を締める者もいた。

片山は両方の手首にメスを入れてもらい、そのまま目を瞑《つむ》って横になった。

それからどれくらいの時が過ぎたのかわからない。結局、片山は意識を取り戻した。やがて夜明けを迎えたが、

「誰かが下のほうからこっちへやって来るわよ」

という声が聞こえた。片山は恐怖を感じた。

「オーイ、オーイ」

近づいて来るその呼び声は日本語であった。

彼女たちを救出したのは、丘の下にあった農場の従業員たちだった。彼らは、「あなたたちは早まった。大平はもう落ち着き始めて、町には人が戻り始めている」と言った。

だが、その時にはすでに高橋婦長を含む六名の看護師の命が尽きていた。

生き残った十七名は、ひとまず農場内に匿《かくま》われた。十七名のうち、十名は重体だったが、なんとか一命は取り留めた。

六名の遺体は、楡の木の近くに埋められた。

真岡郵便電信局事件

このような悲劇が、樺太の各地で起きた。

樺太の西海岸に位置する真岡町《まおかちょう》は八月二十日、ソ連軍の侵攻を受けた。町の中心部に位置する真岡郵便電信局では、多くの女性職員が働いていた。いわゆる「電話交換手」である。この業務は当時、女性にとって「花形」の職業の一つであった。彼女たちは高い誇りと使命感を持って、この仕事にあたっていた。

ソ連軍が迫るなか、女性職員の班長だった高石ミキは、局の幹部と連絡を取り合ったうえで、非番の者たちに非常召集をかけた。状況が刻々と変化するなかで、樺太と本土の電話連絡の重要性が増すことを予測したためである。

じつは女性職員たちには、数日前から幹部より疎開指示が勧告されていた。しかし、大半の者たちが、

「職務を全《まっと》うしたい」

と言って、この地に残っていたのだった。

そんな彼女たちが、業務を遂行するため郵便局に集まった。しかし、電信受付の任にあった折笠雅子はその途中、ソ連兵に見つかって射殺された。

結局、郵便局には十二名の女性職員が集まった。

彼女たちはそれぞれの業務に尽力したが、やがて郵便局の周囲も銃弾が飛び交う戦場と化した。彼女たちは銃声や悲鳴を聞きながら、電話交換の業務を続けた。

しかし、ソ連兵が建物内に侵入してくるのも時間の問題だった。彼女たちは同局別館の二階で完全に孤立した。

そんな彼女たちが選んだのは、自決の道だった。彼女たちは本土に向けて、

「皆さんこれが最後です。さよなら、さよなら」

と最期のメッセージを送ったと言われている。

その後、班長の高石が最初に青酸カリを服毒。自ら命を絶った。

結局、十二名のうち、十名が局内で服毒による自決を図った。その結果、九名の若き命が失われた。

その後もソ連軍は各地で戦闘を拡大し、八月二十五日に樺太全土の占領を宣言した。

占守島《しむしゅとう》の戦い

北海道の北半分を占領する構想を持っていたスターリンは、南樺太への侵攻と同時に、千島列島への攻撃にも着手した。千島列島の島々を制圧しながら南下し、北海道に攻め入ろうという作戦である。

そのための第一歩となったのが、千島列島の北東端に位置する占守島への攻撃であった。カムチャッカ半島のロパトカ岬から、千島海峡を挟んだすぐ先に位置するのが占守島である。

八月十八日未明、ソ連軍は占守島への奇襲攻撃を開始。ソ連軍の兵力は約九〇〇〇人、迎え撃つ日本軍の守備隊は八五〇〇人ほどであった。

この時、占守島を含む千島列島の防衛を担当していた第五方面軍の司令官が、本書の「第三章　オトポール事件」で紹介した樋口季一郎陸軍中将である。かつて満洲国で多くのユダヤ難民を救出した樋口はその後、アッツ島の戦いやキスカ島の撤退戦などを指揮。そして今度は、千島列島の防衛戦の采配を振るうことになったのである。

現地の占守島で最初に異変に気づいたのは、島の最北端に位置する国端崎陣地にいた兵士たちであった。謎の砲声を聞いた彼らは当初、敵がどこの国の軍隊かもわからなかった。彼らの多くは、米軍の侵攻だと思ったという。

だが、その正体はソ連軍であった。

（戦争は終わったのではないのか？）

そんな戸惑いを抱えながら、守備隊は早急に迎撃態勢を整えた。

十八日午前一時過ぎには、ソ連軍の上陸部隊が島の北端に広がる竹田浜に殺到した。

しかし、ソ連軍も混乱していた。大砲などを積み過ぎたため、多くの上陸用舟艇が沖合で座《ざ》礁《しょう》。大半の兵士が、泳いで上陸地点を目指した。

占守島の戦況は、樋口のいる札幌の第五方面軍司令部まですぐに送られた。樋口はこの時の心境を、戦後に記した遺稿の中でこう綴っている。

〈十八日未明、強盗が私人の裏木戸を破って侵入すると同様の、武力的奇襲行動を開始したのであった。斯《かか》る「不法行動」は許さるべきでない。若《も》し、それを許せば、到る所でこの様な不法かつ無智な敵の行動が発生し、「平和的終戦」はあり得ないであろう〉（ルビは引用者による）

終戦後のソ連軍の侵攻に対する迎撃戦を、樋口は「自衛戦争」と断定。日本は国家として降伏を受け入れている状況ではあったが、樋口は次のように現地軍に打電した。

「断乎、反撃に転じ、上陸軍を粉砕せよ」

もとよりロシア問題の専門家であった樋口は、もし占守島がソ連軍の手に落ちれば北海道も危ういと冷静に見定めていた。

樋口はスターリンの意図を見抜いていたのである。

池田《いけだ》末男《すえお》大佐

ソ連軍の上陸部隊を竹田浜で迎え撃ったのは、村上則重少佐率いる独立歩兵第二百八十二大隊であった。

彼らの戦いぶりは、ソ連側の予測を遥かに上回るものであった。それでも火力に勝るソ連軍の主力部隊は、徐々に上陸に成功しつつあった。

日本側はやむなく戦線を竹田浜から後方の四嶺山《しれいざん》まで下げた。標高百七十一メートルの四嶺山には地下壕が張り巡らされており、一帯は要塞化されていた。これはパラオのペリリュー島における戦いで中川州男《なかがわくにお》大佐が実践して以来、硫黄島《いおうとう》や沖縄の戦闘でも踏襲されるなど、当時の日本軍が繰り返し用いた戦い方であった。

しかし、この四嶺山陣地にもやがてソ連軍による迫撃砲の集中砲火が始まり、歩兵部隊が押し寄せてきた。ソ連兵はマンドリン銃や機関銃などを大量に使用した。

白兵戦となった戦場は凄惨《せいさん》を極めた。ソ連兵は日本兵の遺体から腕時計などを奪い取った。捕虜にした日本兵を、数珠つなぎにして射殺したこともあった。ソ連軍の軍紀の乱れは深刻だった。

通信兵として島内の飛行場で無線業務に従事していた白崎勇次郎は、戦闘時の心境をこう語る。

〈私たち末端の兵士には戦争の大きな流れはもはや分かりませんでしたが、もしソ連が日本を本格的に侵略しようとしているのならば、自分たちは本土決戦までの時間を稼ぐ「捨て石」になる――そう考えていたのは、私だけではないでしょう〉(『歴史街道』二〇一五年十二月号)

そんななか、四嶺山に向かうことになったのが、島の中央部に駐屯していた戦車第十一連隊である。同連隊は「十一」という隊号と「士」という字をもじって、「士魂部隊」と呼ばれていた。

連隊長の池田末男大佐は陸軍士官学校卒業後、満洲の陸軍戦車学校の教官や校長代理などを歴任した人物であった。

池田は部下からの信頼の厚い指揮官だった。普段から洗濯などの身の回りのことも自分で行い、当番兵には、

「おまえたちは私ではなく、国に仕えているのだ」

と説くような性格であった。

そんな池田が生涯最大の決戦に挑もうとしていた。

士魂部隊の活躍

だが、四嶺山への出撃には時間を要した。終戦後、戦車の整備はほぼ行われておらず、火を落としたエンジンには暖気が必要であった。前日には、

「戦車を海に捨てようか」

などと話していたような状況だったのである。

それでも担当兵たちは懸命に作業を進め、戦車を稼働させた。

出撃前、池田は兵士たちを前にこう訓示したという。

〈われわれは大詔《たいしょう》を奉じ家郷に帰る日を胸にひたすら終戦業務に努めてきた。しかし、ことここに到った。もはや降魔《ごうま》の剣を振るうほかはない。そこで皆に敢《あ》えて問う。諸子はいま、赤穂浪士となり恥を忍んでも将来に仇《あだ》を報ぜんとするか、あるいは白虎隊となり、玉砕をもって民族の防波堤となり後世の歴史に問わんとするか〉（『戦車第十一連隊史』〔戦車第十一連隊史編集委員会編〕ルビは引用者による）

午前五時三十分、「士魂部隊」は前進を開始。占守街道を北上して一路、四嶺山へ向かった。午前六時二十分頃、池田率いる戦車群が、四嶺山南麓の台地に到着。周辺地域ではすでに激しい白兵戦が行われており、日本軍は劣勢であったが、池田戦車隊の登場はそんな戦況を一変させた。

日の丸の鉢巻きを締めた池田は、上半身を乗り出して指揮したという。

ソ連軍はやむなく竹田浜方面へと退却。日本軍は四嶺山を死守することに成功した。

その後、池田戦車隊は竹田浜に向かって追撃。これに対し、ソ連軍は対戦車砲で応戦した。そんな激戦のなか、池田の乗る戦車の側面に一発の砲弾が突き刺さった。砲弾は弾薬の誘爆を引き起こし、戦車は一瞬にして炎上。池田は同乗していた部下たちとともに不帰の人となった。

それでも戦況は日本軍の優位に傾いていたが、大本営はすでに「終戦後の戦闘行為はそれが自衛目的であっても十八日午後四時まで」と定めていた。戦闘期限の「午後四時」が近づいてくるなか、樋口は同日午後一時頃、大本営に対して「停戦交渉」を促す電文を送った。

大本営はフィリピンのマッカーサー司令部宛てに、ソ連への停戦要求を要請。マッカーサーはこれに応じたが、ソ連側は拒否した。

現地の占守島でも、日本側は積極的に停戦交渉を試みたが、ソ連側にその意思はなかった。そんななかで「十八日午後四時」を迎えた。これをもって日本軍は積極的な戦闘を停止した。しかし、ソ連軍は矛を収めず、翌十九日にも散発的な戦闘が続いた。日本側は改めて軍使を送り、ここにおいてソ連側もようやく受け入れ交渉に入った。

結局、最終的な停戦が成立したのは二十一日であった。武装解除は二十三日から行われた。

分断国家化を防いだ戦い

この戦いにおける日本側の死傷者は六百〜一〇〇〇人。対するソ連側の死傷者は一五〇〇〜四〇〇〇人に達した。ただし、この戦いのあと、ソ連軍の捕虜となった日本軍将兵はシベリアに抑留されており、収容所で命を落とした者も少なくなかった。

占守島で足止めされたことにより、スターリンの北海道占領計画には大きな狂いが生じた。

ソ連側の当初の計画では、占守島は一日で落とす予定だったのである。また、占守島の戦いを通じて日本軍の強靭《きょうじん》さを痛感したスターリンは、積極的な侵攻に自信を失ったとも言われる。八月二十八日、米軍が北海道に進駐。トルーマンはスターリンに対して「ソ連の北海道占領を認めない」と伝えた。

これをもって、スターリンはその野望を諦めた。ソ連による「北海道占領」はついに未遂に終わったのである。

もしも占守島が簡単に陥落していれば、ソ連軍はそのまま千島列島を一気に南下し、北海道まで到達したであろう。すなわち、日本がドイツや朝鮮半島のような分断国家となる道を防いだのが、占守島の戦いであった。

この点において、陸軍軍人・樋口季一郎はユダヤ人だけでなく、北海道をも救ったことになる。

ただし、スターリンは簡単に兵を引くような人物ではなかった。北海道占領の野望を挫かれたスターリンは、腹いせのようにして南樺太の部隊を択捉島《えとろふとう》に向かわせた。以降、九月五日までの間に択捉島をはじめ、国後島《くなしりとう》、色丹島《しこたんとう》、歯舞群島《はぼまいぐんとう》を次々と占領。これら北方四島には、強力な日本軍守備隊は駐屯しておらず、ソ連軍は容易に占領することができた。

その後、ソ連は樋口を「戦犯容疑者」として、日本を占領下に収めたアメリカに対して「引き渡し」を求めた。

この時、樋口のために立ち上がったのが、かつて「ヒグチ・ビザ」によって命を助けられたユダヤ人たちであった。彼らはニューヨークに総本部を置く世界ユダヤ協会を通じて、アメリカ国防総省などにロビー活動を展開。その結果、アメリカはソ連からの要求を退けたのである。

戦後、樋口には日本イスラエル協会から名誉評議員の称号が贈られている。

樋口は昭和四十五（一九七〇）年十月十一日、八十二歳で天寿を全うするまで、家族とともに静かに戦後社会を過ごした。

＊

樋口の功績は長く昭和史の闇に葬られていたが、近年では関心を寄せる人が着実に増えている。

令和二（二〇二〇）年九月には、北海道の石狩市に「樋口季一郎記念館」が開館。「北海道民でさえ大半の人が樋口のことを知らない」という現状の改善を目指して運営が続けられている。

また、樋口の生まれ故郷である兵庫県の南あわじ市では、樋口の功績を顕彰するための銅像の設置計画が進められている。

史実に基づいて樋口を的確に評価しようという動きは、極めて健全なものと言えるだろう。

第十一章　三船殉難事件《さんせんじゅんなんじけん》

引揚船への襲撃事件

ソ連軍は北海道侵攻への野望をあからさまにし、南樺太や千島列島へと侵攻したが、その際、民間人の乗った引揚船に対する襲撃事件も引き起こしている。

南樺太から北海道へ向かう三隻の引揚船がソ連軍の潜水艦に襲撃されたこの事件は、「三船殉難事件」と呼ばれる。

「三船」とは小笠原丸、第二号新興丸、泰東丸《たいとうまる》という三隻を表している。この事件は後世に語り継ぐべき極めて重大な史実であるにもかかわらず、現在の知名度は残念ながら低い。

*

前章で述べた通り、終戦後の南樺太は血に染められた。女性や子供を含む多くの民間人が、不条理な暴力の犠牲となった。

南樺太ではすでに終戦前の八月十三日には、南部の大泊港《おおどまりこう》から北海道への疎開船を出航させていた。しかし、戦争終結後もソ連軍による攻撃が続いたため、日本側は早急な引揚船の運航に迫られた。そんななか、樺太庁長官である大津敏男は、高齢者や女性、子供を優先して引揚げさせる決断を下した。

大泊港は樺太各地から着の身着のままの状態で避難してきた人々で溢れ返った。引揚船は休む間もなく、北海道最北端の稚内との間を往復した。大泊と稚内は百四十キロほどの航路である。

八月二十日の午後十一時四十五分頃、引揚船の一隻である小笠原丸が大泊港を出港。逓信省《ていしんしょう》の保有船である小笠原丸は、本来は海底ケーブルを敷設《ふせつ》するための船であった。小笠原丸は終戦の二ヶ月ほど前から、南樺太と北海道を結ぶ海底ケーブルの敷設のために運用されていたが、その船が急遽《きゅうきょ》、引揚船として転用されることになったのである。

総トン数一四〇〇トンほどの小笠原丸には、約一五〇〇人もの人々が乗船。まさに限界まで人を乗せた状態での出航であった。

そんな乗客たちの胸中には、家や土地を失って南樺太を離れる不安や心配が強かったものの、同時に、

（戦争は終わった。また一から頑張ろう）

といった前向きな思いもあったという。

大泊港を出た小笠原丸は、稚内に寄港したうえで小樽まで行く予定だった。

宗谷海峡を無事に通過した小笠原丸は、翌二十一日の午前十一時頃、予定通り稚内港に入港。同港で半数余りの人々が下船した。

稚内港は宗谷本線の稚内駅に隣接していたが、周辺は列車を待つ多くの引揚者ですでに溢れ

ていた。

この時に下船した人々の中に、のちに「昭和の大横綱」となる大鵬（本名・納谷幸喜《なやこうき》）がいた。南樺太の敷香町《しすかちょう》出身の大鵬は当時まだ五歳だったが、母親とともに引揚者として小笠原丸に乗船していたのである。本当は小樽まで行く予定だったが、母親の船酔いと疲労が激しかったため、稚内で下船することにしたのであった。

あとから考えれば、それが運命の分かれ目となった。

同日午後四時過ぎ、小笠原丸は小樽を目指して再び出航。稚内港の桟橋を離れた。

「小笠原丸」の事例

小笠原丸が阿鼻叫喚《あびきょうかん》の惨劇に突き落とされたのは、翌二十二日の夜明け前にあたる午前四時二十分頃のことである。

留萌近辺の増毛《ましけ》沖の海上を航行していた小笠原丸は突然、凄まじい轟音と衝撃に見舞われた。それまで眠っていた多くの乗客たちは驚いて目を覚ましたが、自分たちの身に何が起きたのか、ほとんど理解できなかった。

彼らを叩き起こした正体は、潜水艦からの魚雷攻撃だった。

爆発によって一瞬で吹き飛ばされた人々もいた。船室から甲板に慌《あわ》てて上がった船員たちは船の四方を見渡したが、周囲は白い朝霧に包まれていて何も見えなかった。

やがて船体が傾き始めた。傾きが大きくなるにつれて、次から次へと海に人が落ちていく。八月とはいえ、冷たい北の海である。

「助けて!」

母親を呼ぶ子供の声。我が子の名を叫ぶ母親の声。様々な悲鳴と絶叫が交錯した。

海に投げ出されたり、自ら飛び込んだ人々は懸命に海面でもがいたが、体力のない老人や幼児から波に呑まれていった。小笠原丸は船首を空に向けながら沈んでいった。

船体の破片や木材などに摑《つか》まって、海上でなんとか生き長らえていた漂流者たちには、さらなる惨禍が待ち構えていた。

なんと潜水艦が海面に浮上し、重ねて攻撃を加えてきたのである。その黒々とした潜水艦は、漂流する人々を無差別に銃撃し始めたのであった。まさに海の上の虐殺だった。

当時は「国籍不明の潜水艦からの攻撃」とされたが、今ではその正体が「ソ連軍の潜水艦」であったことが判明している。

(戦争は終わったのでは?)

痛切な疑念や無念のなかで、多くの人々が命を散らした。

結果、この襲撃によって発生した犠牲者の数は、六百人以上に及んだとされる。

これが「三船殉難事件」の始まりであった。

「第二号新興丸」の事例

続いて襲われたのが「第二号新興丸」である。

もともと貨物船だった第二号新興丸は、戦時中に海軍に徴用されて特設砲艦に改装されていた。引揚船の中では、最も有力な反撃能力を持つ大型の船だった。

二十一日の午前九時頃に大泊港を出港した第二号新興丸には、約三六〇〇人もの人々が乗船していた。小笠原丸の倍以上に及ぶ乗員乗客である。

第二号新興丸は当初、小笠原丸と同じく稚内に向かう予定だった。しかし、稚内における引揚者の受け入れ能力が限界に達したとの報告を受け、行き先は小樽に変更となった。

第二号新興丸が攻撃を受けたのは、小笠原丸の悲劇から約一時間後の午前五時十三分頃のことであった。留萌の北西沖を航行していた第二号新興丸は、小笠原丸と同様、潜水艦からの雷撃に遭遇。一発の魚雷が二番船倉の右舷に命中した。

第二号新興丸には四番船倉まであったが、二番船倉にいた人々の多くが着弾時の爆発によって即死した。

二番船倉は死屍累々《ししるいるい》の惨状と化した。手足の吹き飛ばされた遺体も少なくなかった。

この時に空いた穴の大きさは、縦五メートル、横十二メートルに達したとされる。この穴からの浸水により、第二号新興丸の船体は右側に傾いていった。

ただし、機関室はかろうじて無事だった。浸水時に重要となる排水機能も健在だった。第二号新興丸は航行の継続と、追撃の回避を懸命に試みた。

しかしまもなく、二隻（三隻という説も有）の潜水艦が海面に浮上。第二号新興丸を追尾しながら、激しい銃撃を加えてきた。この機銃掃射により、甲板上にいた人々は次々と薙《な》ぎ倒された。

留萌警察署保管の「死亡証明書下付願綴」という文書には、この時のとある一家の子供たちに関する情報として、次のように記されている。

〈敵潜三隻が浮上、戦闘を開始したため、機銃弾が飛び交い、静子は首に重傷を負い、清吉は頭部に貫通銃創を負い、即死した〉

このような攻撃に対し、単装砲や機銃を備えた特設砲艦である第二号新興丸は、船体を傾けつつも反撃を開始。砲撃するたび、船体が大きく揺れたという。

この反撃の結果、一隻の潜水艦の正面に大きな水柱が上がった。ただし、この砲撃が潜水艦に着弾したのかは不明である。

「水柱が黒かったから当たったに違いない」

「海面に重油が流れ出していた」

といった証言もあるが、断定は難しい。

それでも、その直後にそれらの潜水艦が再び海中に潜航したのは事実であった。潜水艦の乗組員であるソ連軍の兵士たちは、民間船だと思って攻撃した船がにわかに反撃してきたので驚いたのかもしれない。こうして第二号新興丸の艦上からは、

「やった!」

「仇《かたき》をとった」

といった声があがった。この反撃がなければ、より多くの犠牲者が発生していたであろう。

襲撃から四時間近くが経った午前九時頃、第二号新興丸は沈没寸前の状態で、近隣の留萌港に入港。南岸壁への着岸を果たした。

港では、すぐに遺体や負傷者の収容作業が行われた。遺体は港内の吹き抜けの倉庫にひとまず安置され、その後に荼毘《だび》に付された。

千切れた手足なども多く収容され、それらはカマス袋の中に無造作に詰められた。当時、十八歳だった石川喜子は、行方不明となっていた父と姉の手がかりを探すため、カマス袋の中ま

で確認した。衣服や装身具の中に、見覚えのある物があるかもしれないと考えたためである。しかし、彼女の必死の捜索も徒労に終わった。

この第二号新興丸では、約四百名もの人々が犠牲になったとされる。

「泰東丸」の事例

第二号新興丸の航海士だった中沢宏は、船が留萌港に入ってからも、すぐには下船せずにそのまま船上に残っていた。その時、中沢は不意に遠くの海上から砲声を聞いた。艦橋から双眼鏡を覗《のぞ》くと、日本の船舶が自分たちと同じように潜水艦に襲撃されている光景が目に入った。

この船が「泰東丸」であった。

泰東丸は本来、貨物船である。しかし、大泊港に避難民が溢れている状況を受けて、引揚船に転用されたのだった。

泰東丸が大泊港を出港したのは、二十一日の午後十一時頃である。泰東丸は三船の中で最も軽量な約八百八十トンという小型船だったが、そこに約七百八十人もの人々が乗船していた。

船倉には米などの食糧が大量に積まれていた。南樺太からの引揚者の受け入れ先となっていた北海道でも、食糧不足が深刻化していたためである。

積荷を満載した泰東丸には、乗客のための空間はほとんどなかった。そのため、引揚者たちは甲板にゴザを敷くなどして過ごしていた。泰東丸も稚内には寄らず、小樽に直行する予定だった。

この泰東丸の乗客たちが異変に気づいたのは、出航から一夜明けた二十二日の午前九時頃である。その異変とは、海上に大量の浮遊物が漂流している異様な光景であった。浮遊物の中には、リュックサックや子供用の水筒なども混ざっていた。

それらは攻撃を受けた第二号新興丸からの漂流物であった。そして、ついには傷ついた遺体までもが、いくつも発見されるようになった。第二号新興丸の悲劇など知る由もない泰東丸の乗客たちは、深刻な不安と恐怖に駆られた。

そんな泰東丸の前に潜水艦が出現したのは、午前九時四十分頃のことであった。場所は留萌小平町の沖西方約二十五キロの辺りである。甲板にいた乗客たちから、

「潜水艦だ!」

との声が次々とあがった。

すると、その潜水艦はすかさず泰東丸に向かって砲撃を開始。泰東丸の周囲に複数の水柱が立った。

船長の貫井慶二は、すぐにエンジンの停止を機関室に命令。さらに、白いシーツやテーブル

クロスを白旗として掲げ、船として戦う気がないことを明確に示した。特設砲艦である第二号新興丸とは異なり、泰東丸には十三ミリ機銃が船首に一丁装備されているだけで、反撃する能力などは有していなかった。

白旗を提示した船舶への攻撃は、国際法で禁じられている。しかも、戦争自体がすでに終結しているはずであった。

しかし、潜水艦からの砲撃は継続された。そしてついに、一発の砲弾が泰東丸の船腹を直撃。船体は大きな衝撃に包まれ、破壊されたボイラーから蒸気が一挙に吹き上がった。

その後、延べ十数発もの砲弾が泰東丸に撃ち込まれ、機銃掃射も行われた。まったく無抵抗の船への攻撃は一向に終わらなかった。

貫井船長は「全員退船」の命令を発したが、甲板は人々の血潮で紅く染まった。乗客たちは意を決して海に飛び込んだ。潜水艦はやがて姿を消した。

四人の子供の母親である鎌田翠は、母子五人で板切れに摑まって波間に浮いていた。しかし、力尽きた子供たちは一人、また一人と暗く冷たい海中へと消えていった。子供たちが抱えた恐怖、そして母親の無念はいかばかりだったであろう。

泰東丸の船体は、右舷側に大きく傾斜。最後は横倒しになるようなかたちで、轟音とともに沈んでいった。沈没の際に生まれた激しい渦によって、船体の周囲にいた人々は引っ張り込まれるようにして運命をともにした。

船首に備えられていた機銃とその台座も漂流していたが、そこには十数名もの人々がしがみついていた。人々は胸まで海水に浸かりながら、立ち続けているような状態だった。

その中に一人の憲兵がいた。その憲兵は背中に重傷を負い、別の人にずっと寄りかかっていた。しかし、やがてその憲兵は、

「もうこれ以上、迷惑はかけられない」

と言い残し、自ら手を放して暗い海中に沈んでいったという。

その後、漂流する生存者たちを救出したのは、たまたま近くを通りかかった機雷敷設艇「石《いし》埼《ざき》」だった。石埼の乗組員たちは、一人でも多くの人命を助けようと懸命の救助活動にあたった。

泰東丸における犠牲者の数は、六百六十七名とされている。死亡率はほかの二船と比べても圧倒的に高い。

船長の貫井もその一人であった。

約一七〇〇人もの犠牲者

以上が留萌沖で起きた「三船殉難事件」の実態である。

このような事件の発生を知った地元の漁師たちの中には、

「こんなことが許されてたまるか」

とすぐに船を出して、漂流者の救助にあたった者たちもいた。自身が攻撃される危険も考えられたが、

(放っておけない)

との思いからの行動だった。

漁師たちは遺体の収容にも努めたが、それらの中には我が子を抱きかかえながら死後硬直を起こしている母親の姿もあったという。

これら三船の殉難事件により、じつに延べ約一七〇〇人もの人々が犠牲となった。

改めて記すが、これは終戦後の話であり、しかも船はいずれも民間人を乗せた引揚船であった。

事件発生の一報は、札幌の第五方面軍司令部にも伝えられた。第五方面軍司令官・樋口季一郎陸軍中将は、すぐさま事件の詳細に関する徹底的な調査を命令。さらに大本営に事件の発生を伝え、連合国側を通じてソ連に「戦闘停止」を求めるよう要請した。

樋口からの要請を受けた大本営は、フィリピンのマッカーサー司令部に状況を伝えた。しかし、マッカーサー司令部からの返答はなかったとされる。

潜水艦の正体

戦後の日本社会において、この事件が十分に語り継がれることはなかった。独立回復後も、日本政府の対応は緩慢だった。

昭和三十七（一九六二）年、留萌市の海を見渡す丘の上に「樺太引揚三船殉難者慰霊之碑」が建立されたが、これは地元の人々や引揚団体の募金活動によって建てられたものであった。

昭和四十二（一九六七）年、北海道は厚生省（当時）の依頼に基づき、三船の遭難者名簿を作成。しかし、名前や年齢といった基本的な項目に間違いが多く発見されるなど、杜撰《ずさん》な作業と言わざるをえない内容だった。

昭和四十九（一九七四）年には、厚生省が泰東丸の捜索を防衛庁に依頼。海上自衛隊の掃海艇が投入されたが、船体を発見することはできなかった。翌年以降も捜索は継続されたが、昭和五十四（一九七九）年を最後に厚生省はこの計画を断念した。

そのあとに独自の活動を続けたのは、樺太からの引揚者などから成る社団法人・全国樺太連盟であった。

昭和五十六（一九八一）年には、地元の漁船が一隻の沈没船を発見。その後、全国樺太連盟が海中調査を進め、その沈没船が泰東丸である可能性が高いことを公表した。しかし、現在に至るまで、同船は海底から引き揚げられていない。

総じて同事件に対する日本の国家としての姿勢には不満が残る。詳細に関する徹底調査や、船の引き揚げ作業、ソ連（ロシア）側への抗議など、いずれも不十分と言わざるをえない。歴代政府は、抗議どころか、潜水艦を「国籍不明」と位置付け、曖昧な姿勢をとり続けてきた。

しかし、平成四（一九九二）年、秦郁彦拓殖大学教授（当時）の調査により、ソ連国防戦史研究所の回答を得た結果、三船を攻撃した潜水艦がソ連軍に属したものだったことが立証された。公式の文書によって、三船を攻撃したのはウラジオストクを拠点とするソ連海軍第一潜水艦隊所属の「L－12」ならびに「L－19」であると確認されたのである。

ちなみに、潜水艦L－12の艦長であったコノネンコという人物は、ウラジオストクに帰還後、ソ連国内で「英雄」とされ、今に至っている。

第十二章　引揚者受難事件

涙の水葬

日本の敗戦後、それまで満洲国や朝鮮半島などで暮らしていた邦人は、日本本土への帰国を余儀なくされた。しかし、その道のりはまさに地獄であった。引揚者にとって、本当の戦争は敗戦後に始まったとも言える。

栃木県矢板市の農家に生まれた渡辺よねは、結婚後、夫婦揃って満洲国北部の千振《ちぶり》村という地に入植。夫は満蒙開拓青少年義勇軍の一団である大林義勇軍開拓団の一員であった。

満蒙開拓青少年義勇軍とは、日本の内地で暮らす十六〜十九歳（数え年）の青少年を満洲国に開拓民として送出するための組織で、成人移民の補充を目的に実施された。募集に応じて選抜された者たちは、茨城県にある訓練所で三ヶ月間、農作業や武道の基礎訓練を受けたあと、満洲国に渡った。

満洲国でも三ヶ月の現地訓練が行われ、その課程を無事に終えるとそれぞれの入植地へと向かった。終戦までに約八万六〇〇〇人の青少年が送り出されたが、よねの夫はその中の一人だったということになる。

千振村では栃木県出身者が集まって「栃木郷」が形成されていたが、その中には、よねの実兄も夫婦で暮らしていたという。

千振村の入植者たちは、主に小麦の生産などに従事した。よねにとって、忙しくも充実した幸福な毎日だったが、昭和二十（一九四五）年六月に夫が現地召集。千振村のほかの男性たちも大半が召集となった。いわゆる「根こそぎ動員」である。

村には女性や老人、子供たちが取り残された。

七月からは、実弾を使った軍事教練が始まった。よねも慣れない教練に懸命に取り組んだ。

八月九日、ソ連軍が満洲国への侵攻を始めると、千振村の空にもソ連軍の機体が姿を見せるようになった。そのため、入植者たちは馬車に乗り、日本軍が駐屯する依蘭《いらん》という町まで退避することになった。

だが、中には千振村に残留した者たちもいた。結論から言うと、のちに彼らは地元の暴民の襲撃を受け、三十人ほどが命を奪われることになる。

一方、千振村を離れたよねたちが依蘭に着いたのは八月十五日。町はすでに空襲の被害を受けていたが、ほかの開拓地からも多くの避難民が集まっていた。

彼らはこの町で、日本の敗戦を知った。

しかし、以降も彼らに安息の日々は訪れなかった。ソ連軍からの攻撃は終わらなかった。やむなく避難民たちは、日本に向けてさらなる退避を始めた。

馬車も足りず、大半の人々は徒歩での逃避行となった。道なき道を何日も歩き、山を越えた。

やがて食糧が尽き、ついには犠牲者が出始めた。最初に犠牲になったのは、体力のない赤ん坊だった。母親の母乳が出なくなった結果である。よねはこう記す。

〈死んだ子供は、橋の上から投げ落として水葬にしました。ひとりひとり火葬にしてお骨を持っていく時間も場所もないので、この方法しかなく致し方ないとあきらめてのことですが、それでも情けなく、悔しい思いでいっぱいでした。「南無阿弥陀仏、南無阿弥陀仏」と、皆で手を合わせてお別れをしました〉（『平和の礎　海外引揚者が語り継ぐ労苦（引揚編）XII』〔平和祈念事業特別基金編〕）

　母親たちは、我が子の亡骸が見えなくなるまで見送っていたという。

　しかし、現実はさらに残酷だった。水葬された子供たちの遺体が流れてくるのを待ち構えて、衣服を剝ぎ取ってしまう現地人がいたのである。母親たちは、

「あの子の着ている物は、誰にも脱がされないように」

と祈りながら手を合わせたという。

　千振村からの避難民たちはその後、方正《ほうせい》という町に到着。方正には多くの日本人が集まっていた。避難民たちはソ連軍の命令によって、無蓋《むがい》の貨車に乗せられた。

　貨車は一面波《いいめんぱ》という駅に停車。一面波での二日目の夜に起きたことを、よねは次のように綴る。

〈ソ連兵が、構内に止まっていた汽車に、どやどやと靴音を響かせて入ってくると、近くにいた一人をつかまえて、のど元に自動小銃の銃口を突き付けて乱暴をし始めたのです。周りの人たちは、助けようとすると何をされるか分からないので手も足も出ず、なされるままにうずくまっていました〉(『平和の礎　海外引揚者が語り継ぐ労苦(引揚編)Ⅻ』)

よねも腕時計を奪われた挙句、お金を縫い付けてあった帽子まで取られてしまった。ソ連兵たちは口笛を吹きながら貨車を降りていったという。

その後、避難民たちは日本人収容所に入れられた。二十日間ほど収容所で過ごしたあと、大都市である奉天に送られた。

奉天ではこの地の日本人会からの支援を受けることができ、久しぶりに人間らしい生活を取り戻すことができた。

よねが日本に帰国できたのは、昭和二十一(一九四六)年十一月のことであった。

避難列車への機銃掃射

服部寛《ひろし》は、昭和十二(一九三七)年四月二十三日、愛知県名古屋市の生まれ。父親は建築業を営んでいた。

服部の幼少時に、一家は満洲に移住。ハイラル（海拉爾）の東方に位置する牙克石《ヤクシ》（現・内モンゴル自治区フルンボイル市内）という町で暮らすようになった。

牙克石はソ連との国境に近い町である。しかし、「あの日」までは空襲などもなく、いたって平穏な生活だったという。服部はこう話す。

「牙克石での記憶は賑《にぎ》やかで楽しいものです。マーチョと呼ばれる馬車に乗って家族で買い物に行き、パーラーでケーキを食べたりした思い出もあります」

しかし、昭和二十（一九四五）年三月、父親が現地召集を受けた。父は家を出る日の早朝、まだ布団の中にいる服部に対し、

「寛、では行くからあとを頼むぞ」

と声を掛けた。しかし、服部はその際、布団から出て、

「行ってらっしゃい」

と言って見送ることをしなかった。服部はそのことを一生、後悔することになる。

八月九日にソ連軍が満洲国への侵攻を始めると、当時、八歳だった服部の生活も激変することになった。

その朝、母親に叩き起こされた服部は、着の身着のままの状態で、家族とともに満鉄の牙克石駅まで走った。母親のほか、二人の弟たちと一緒だった。弟は五歳と一歳であった。一歳の

弟は、母親に背負われていた。

まだ夜明け前で、周囲は暗かった。しかし、北西の空は、ソ連軍の爆撃によって赤く染まっていた。

牙克石駅のプラットホームは、多くの人たちでごった返していた。

服部たちはなんとか無蓋貨車に乗ることができた。列車は異様な混乱のなかで動き出した。

服部が振り返る。

「天井はもちろん、横の壁もないような貨車でした。ですから、荷物を周りに積んで、その中に人が座っているという状態でした。私は貨車が揺れるたび、振り落とされるのが怖くて、荷物にしがみついていました」

周囲は少しずつ明るくなり始めた。

その時、である。貨車が急停車した。その途端、

「敵機来襲！」

「避難しろ！」

といった大きな声が聞こえた。服部は荷物もそのままに貨車から離れ、近くの雑木林に駆け込んだ。

「ソ連軍の機体が二機、低空飛行で近づいてきて、機銃掃射を始めました。バリバリッという

かビシッビシッというか、物凄い音でした。身体が震えて、生きた心地がしませんでした」

服部は雑木林の中で、頭を抱えて地面に伏せていた。やがて機体は去ったが、この攻撃により数名が犠牲となった。

貨車も大きく破壊されていた。荷物が四方八方に飛び散っていた。

列車はもはや動かず、その後はやむなく徒歩での逃避行となった。

夜間の逃避行

服部の印象では、避難民の数は百五十〜二百名ほどだったという。四散した荷物を拾ったあと、彼らは「線路沿いは危ない」ということで、雑木林の中を歩き始めた。初めのうちは皆で声を掛け合いながら歩いていたが、次第に疲労から声も出なくなり、黙々と歩くだけになった。

「何がなんだかよくわからないまま、とにかくはぐれたら大変だと、母親の後ろを必死についていくだけでした」

雑木林を抜けると、そこは荒涼とした果てしない原野だった。

以降、彼らは延々と荒野を歩き続けた。

八月の満洲は、日中は酷暑となるが、夜になると一気に気温が下がる。昼間は真夏の太陽に苦しめられ、夜は寒さに震えた。

それでも敵襲を避けるため、夜間に歩くことが多かった。

「寒いなかをひたすら歩くのですが、もちろん電灯などまったくない真っ暗闇ですからね。足元も見えない闇のなかを歩くのは怖かったです。はぐれないよう母親の声を頼りに足を前に進めるのですが、身体と身体を紐《ひも》で繋いで歩いたこともありました。あと、夜中にずっと歩いているので眠いんですよね。意識朦朧《いしきもうろう》としながら歩いていた記憶があります」

食糧も水もすぐに底をついた。服部は母親に、

「お腹すいた」

「もう歩けない」

「眠たい」

などと半泣きで訴えた。すると母親は怖い顔をして、

「情けないことを言うんでない！　父ちゃんに逢いたいんだろ！　死にたくなかったら歩いて！」

と強い口調で言った。服部はこう振り返る。

「母はまだ一歳の赤ん坊を背負って歩いていましたからね。一番大変だったのは母だったでしょう」

引き裂かれる母子たち

途中、川があればその水を飲み、川辺に生えている野草を食べた。コーリャン畑を見つけた時には、生のままかぶりついた。瓜のような野菜が畑に取り残されているのを発見した時には、奪い合うようにして食べた。

「とにかく空腹で。もう普通の状態ではなかったですね。気力も奪われていくような感じでした」

夜中に土砂降りのなかを歩いたこともあった。足場の悪いドロドロの斜面を歩く時には、何度も滑って転んだ。

シラミにも悩まされた。身体中、痒くてたまらなかった。衣服の縫い目は無数のシラミの卵で埋まった。

そんな逃避行中、最も恐ろしかったのが、中国人兵士による襲撃だった。

「ほとんど馬に乗って来るのですが、軍の帽子をかぶっている集団に何度か襲われました。私は八路軍（著者注・中国共産党軍）の兵士だと聞きました。彼らは女、子供、年寄りの集団である私たちを蹴散らし、わずかな荷物を物色して、欲しい物を引っ張り出していきました」

過酷な逃避行が続くなか、幼児や乳児から力尽きていった。

「赤ん坊がいつの間にか息絶えているということが何度もありました。泣き崩れる母親の姿をどれだけ見たことか。まともな埋葬もできず、本当に悲惨でした」

それでも彼らは歩き続けなければならなかった。

服部の記憶によれば、チチハル（斉々哈爾）までたどり着くことができたのは、少し秋めいてきた九月の中旬から下旬くらいではなかったかという。正確な月日は、とうにわからなくなっていた。

その間に戦争は終わっていたが、彼らはそんな事実も知らぬまま歩いていたのである。じつに四十日以上にも及ぶ地獄の逃避行であった。

収容所での生活

チチハルには、満洲各地から逃げてきた多くの日本人が集まっていた。

学校の校舎のような場所が、収容所として使われていた。服部もそこに入った。

コーリャンのお粥などの炊き出しがあった。服部はようやく一息つくことができた。

しかし、そんな日々は長くは続かなかった。やがてソ連兵が収容所に乱入してくるようになったのである。

「土足で部屋まで上がり込んできて、拳銃や自動小銃を構え、時計などの目ぼしい物を奪っていくんです。その恐怖は耐え難いものでした」

国際法であるハーグ陸戦条約には「軍が占領した敵国の領土において、公共の秩序や生活を回復させるため、施し得る一切の手段を尽くすべき」という内容が示されているが、ソ連軍による一連の蛮行は同条約に違反する。

それがソ連軍の実態であった。ソ連軍の兵士は治安維持どころか、暴虐の尖兵となったのである。

さらに始まったのが「男狩り」だった。

「働き盛りの男性が連れて行かれるんです。元警察官の人や、官公庁の役人だった人など、働き盛りで元気のありそうな人がとくに標的にされていたように見えました」

やがて「ソ連兵が来る」という情報が入ると、成人男性は天井裏や床下などに隠れるようになった。するとソ連兵たちも状況を察し、隠れている場所を捜索するようになった。

見つかった人たちは、強制的に連行されていった。ソ連兵たちは誰も見つけられないと、腹いせのようにして天井や床下に銃を乱射して帰っていった。

女性たちの被害

そんななか、最も耐え難き境遇に晒されたのは、やはり女性であった。

「女性は頭を丸坊主にして、顔を黒く塗り、男のような格好をして目立たないようにしていました。しかし、それでもソ連兵は執拗に見つけ出し、強引に連れて行こうとするんです。女性がどれだけ『助けて、助けて』と泣き叫んでも、ソ連兵はまったく情け容赦ありません。親や周りの人たちが必死に抵抗するのですが、ソ連兵は身体が大きくて、日本女性は小柄ですし、どうすることもできませんでした。ソ連兵たちは嫌がる女性を蹴飛ばして、抱えるようにして連行していきました。本当に同じ人間とは思えないほど、ひどいものでした。私はそういった女性を四、五人ほど見ましたが、結局、一人も戻ってきませんでした」

服部はこの年の冬を収容所で過ごした。昭和二十一（一九四六）年になっても、なかなか帰国の日は訪れなかった。

そうして迎えた三月下旬のある日、下の弟が絶命した。

「栄養失調でした。病気になっても薬はないし、小さな子がバタバタと亡くなっていくような状況でした。本当につらい日々でした」

帰国のための移動が始まったのは、秋頃であった。チチハルの駅から再び貨車に乗せられた。

やはり屋根のない古い貨車だったが、ようやくの帰国ということで人々の表情は穏やかだった。

しかし、車両や線路の故障のためだろうか、列車は途中でよく停車した。

列車が停まっている時には、貨車から降りて木陰などで休憩した。しかし、列車は合図もなく急に走り出す。慌てて飛び乗ろうとして足を踏み外し、貨車から落ちて足首を切断した者もいた。中には置き去りにされてしまった者たちもいたという。

また、停車中に地元の暴民に襲われることもあった。貨車に置いてある荷物を暴民たちが奪っていくのである。馬賊《ばぞく》に襲撃されたこともあった。

服部はその後、引揚船「摂津丸」に乗り、日本に帰ることができた。

しかし、満洲国で現地召集された父親は、結局、戻ってこなかった。

とある復員者から聞いた話によると、父親はシベリアに抑留され、重労働の末、アバカン地区第三十三収容所という所で、栄養失調により亡くなったということだった。

遺品として遺族のもとに戻ってきたのは、錆《さ》びたスプーン一つだけであった。

朝鮮半島からの引揚者

引揚時の惨劇は、満洲国だけに見られた光景ではなかった。朝鮮半島で暮らしていた邦人たちも、それぞれ大変な地獄を味わった。

嶌末稔《しますえみのる》は昭和三（一九二八）年、大連市の生まれ。昭和十二（一九三七）年、朝鮮半島北部に位置する羅南《らなん》（現・北朝鮮羅南区域）に両親とともに移り住んだ。嶌末の父親は、官庁の嘱託として福祉の仕事などに携わっていた。

日本統治時代の羅南には、第十九師団の司令部が置かれ、多くの日本人が暮らしていた。嶌末は羅南中学校卒業後、満洲国の国立大学であるハルビン学院に進学。ロシア語を専攻したが、病気のため一時的に羅南に戻った。その帰省中である昭和二十（一九四五）年八月九日、ソ連軍による満洲国侵攻が始まった。

ソ連軍は満洲国だけでなく、朝鮮半島にも進軍。羅南にも戦火が迫ってきた。翌十日以降、羅南駅から南部に向かう列車は避難民でごった返すようになった。しかし、嶌末の一家は病気の姉がいた関係で、羅南に残ることにした。

ところが、十三日になると「上陸したソ連軍が突入してくる」といった情報がもたらされたため、姉と三歳になる姪を大八車に乗せ、退避せざるをえなくなった。嶌末のほか、父、母、姉、義兄、姪という計六人だった。

彼らは急ぎ南下したが、空き家となっていた温泉旅館に隠れて様子を窺っていた十八日頃、オートバイに乗った日本軍の将校から敗戦の事実を聞いた。この将校は、

「旧居住地に戻り、当局の指示を待て」

と命じた。一家は仕方なく羅南に戻るため北方へ引き返した。しかし、その途中、ソ連兵に見つかり、貴金属や時計などを奪われてしまった。

羅南の自宅に戻ると、使用人だった朝鮮人がそこで暮らしていた。やむなく一家はほかの日本人の空き家に入り、当局の指示を待った。

しかし、指示を出すべき当局などすでに存在しなかった。やがて「近郊の清津《せいしん》の港から日本行きの引揚船が出る」との噂を周囲の朝鮮人たちから聞いた。一家は再び大八車を引き、清津へ向かって歩き出した。

羅南の郊外では、もともと日本軍が使用していた演習場で、ソ連軍の検問が行われていた。一家はそこで足止めされたが、この時にソ連軍に引率されている日本軍兵士たちの列をたまたま目撃した。嶌末はその中に、中学校時代の恩師の姿を見つけた。二人は互いの健闘を祈り、別れの言葉を交わしたが、その後に恩師と再会することはできなかった。

三十八度線を目指して

一家はその後、清津までたどり着いたが、彼らを待っていたのは引揚船ではなくソ連軍だった。引揚船が出るというのは誤報だった。嶌末は「朝鮮人が自分たちを追い出すために嘘をついたのではないか」と感じた。

ソ連軍はすでに十三日には第三百五十五独立海兵大隊約七百人を清津に上陸させ、翌十四日にはさらに一個師団を合流させていた。

この清津において、嶌末と父親、義兄の三人はソ連軍に拘束され、収容所に入れられた。収容所には二百〜三百人ほどの日本人男性がいた。狭い部屋に十五人ほどが詰め込まれていた。配給されるのは、生の大豆と水だけだった。

収容から一週間ほど経った頃、働き盛りの男性以外は釈放されることになった。嶌末と父親は釈放されたが、義兄は引き続き拘留された。

釈放された嶌末らは、すぐに母親たちを探した。五日ほど捜索し、ようやく再会することができた。

その後、収容所に残されていた者たちも釈放されたと聞いた。しかし、義兄とは二度と会うことができなかった。

また、羅南在住時にお世話になっていた病院の院長一家が、集団自決したと聞いた。

嶌末らは一旦、日本企業の社宅だった建物で暮らし始めた。

ある晩、社宅の裏にあった小学校の校舎が、不審火によって全焼した。その翌日、嶌末のもとに朝鮮人たちから成る「保安隊」が姿を現した。結果、彼らによって、嶌末は放火の容疑で逮捕されてしまった。それから嶌末にとっての地獄の日々が始まった。
〈身に全く覚えのないことなので、強く釈放を要求したが、一切受け付けてくれず、毎日殴る、蹴る、重たい石を膝の上に乗せての正座、逆さ吊《づ》りと水責めなど、拷問《ごうもん》の数々を受け、自白を強要された〉（『平和の礎　海外引揚者が語り継ぐ労苦（引揚編）Ⅷ』〔平和祈念事業特別基金編〕ルビは引用者による）
　拘束は約一週間にも及んだ。
　ようやく釈放された嶌末は、家族とともにこの地を脱出することに決めた。この地にこれ以上いることは危険だと判断したのである。
　一家は列車を乗り継ぎ、南を目指した。その間も一家はソ連軍や保安隊から略奪や暴行を受けた。嶌末はこう記す。
〈ソ連兵の目当ては終始金目の物か、婦女暴行（略）保安隊員による暴行は、三十六年間にわたる日本の支配に対する恨みを晴らすのが目的のようで、肉体労働をしていなかった日本人を、体格や手のひらで選別し、殴ったり、突き飛ばしたりして暴行を加えていた。父も私も、手のひらが白過ぎるといって殴られた〉（『平和の礎　海外引揚者が語り継ぐ労苦（引揚編）Ⅷ』）
　五日ほどかけて北緯三十八度線近くの平康《へいこう》駅までたどり着いた。すでに北緯三十八度線を境に、以北がソ連、以南がアメリカの占領地となっていた。

平康駅からは徒歩で南下。夜のうちに三十八度線の突破を試みた。しかし、国境警備の保安隊に発見され、ソ連兵の一斉射撃に晒された。

一家はあえなく拘束された。結局、彼らは清津まで列車で送り返されることになった。

しかし、その移送中、彼らは逃亡を試みた。元山《げんさん》駅では失敗し、保安隊から暴行を受けたが、咸興《かんこう》では夜の闇に紛れて脱出に成功。町の中心部を避け、郊外に建つ神社の本殿に身を隠した。

彼らはしばらくそこで町の様子などを窺っていたが、十一月頃、寒さと飢えが限界に達し、日本人避難民の収容所となっていた寺院に移動した。

その後、ほどなくして父親が息を引き取った。

結局、嶌末が帰国できたのは、それから一年後の昭和二十一（一九四六）年十一月のことであった。

第十三章　元日本兵連続割腹事件

相次いだ割腹自決

大東亜戦争の敗戦が決まったあと、陸軍大臣の阿南惟幾《あなみこれちか》陸軍大将や、「特攻の父」と呼ばれた大西瀧治郎海軍中将が割腹して自決を遂げた史実は、比較的よく知られている。

阿南は昭和二十（一九四五）年八月十五日未明、ポツダム宣言の最終的な受諾返電の直前に陸相官邸にて自刃《じじん》。介錯《かいしゃく》を拒み、早朝に絶命したと言われる。

かたや「体当たり作戦」の提起者とされる大西は十六日、官舎にて割腹。腹を十字に切ったものの、なかなか死に切れず、軍医らが駆け付ける事態となったが、大西は、

「生きるようにはしてくれるな」

との言葉を発して息絶えたとされる。辞世の句は、

〈これでよし百万年の仮寝かな〉

である。

しかし、じつはこの両名以外にも無数の兵士たちが「敗戦の責任をとる」として腹を切っていることは、あまり知られていない。

＊

敗戦時、大本営陸軍参謀だった晴気誠《はるけまこと》陸軍少佐は、佐賀県の出身。佐賀県と言えば〈武士道

と云ふは死ぬ事と見付けたり〉の一節で有名な『葉隠《はがくれ》』を生んだ土地である。
晴気は難関の陸軍士官学校（陸士）に進んだ。同期生の羽場安信《はばやすのぶ》は、晴気についてこう回想している。
〈晴気君は私と同期の陸士四十六期生、佐賀の生れで葉隠武士の気骨と温い人間味を兼ね備え、いわゆる智勇兼備の武人であり、同期生間では勿論《もちろん》、上官からも部下からも最も信頼された真に典型的な軍人でありました〉（『世紀の自決』〔額田坦編　芙蓉書房刊〕ルビは引用者による）
晴気は陸士卒業後、参謀本部作戦班に配属され、主に中部太平洋方面を担当地域として任された。

サイパン戦の勃発

昭和十九（一九四四）年六月、米軍はサイパン島への攻撃を開始。サイパン島の滑走路を押えることができれば、新型の長距離爆撃機B29による日本本土への空襲が広く可能になるためである。対する日本側も、サイパン島を「絶対国防圏」の中核として位置付け、死守する構えを見せた。

十一日には米軍の多数の艦上機がサイパン島を空襲し、十三日からは大規模な艦砲射撃も始まった。

晴気はサイパン島の防衛計画を担当。晴気が立案したのは「水際《みずぎわ》迎撃作戦」を軸とする防衛構想であった。

「水際」とは海岸線のことである。上陸を試みる敵の部隊を海岸線で全力をもって迎え撃つという作戦であった。作戦としては、ごく基本的なものとも言える。

米兵の上陸が始まったのは十五日からである。これに対し、日本軍は小畑英良陸軍中将を司令官とする第三十一軍などが海岸線で迎え撃った。

守備隊は勇敢に戦ったが、奮戦虚しく次第に窮地へと追い込まれた。米軍はサイパン島への上陸を果たし、島内の制圧地を一挙に広げていった。

この責任を感じた晴気は、現地で作戦指導するため、同島への派遣を志願。これを了承された晴気は、すぐさま最前線に向かった。

しかし、敵の攻撃が凄まじく、サイパン島に入ることはできなかった。晴気は「パラシュートでの降下」まで懇願したが、このような主張が許されることはなかった。

七月五日、中部太平洋方面艦隊司令長官である南雲忠一海軍中将は、「訣別電」を打電。翌六日、南雲をはじめとする司令官たちは次々と自決した。

さらに、約一万人とも言われる民間人が崖から飛び降りて自決するという惨劇も起きた。島の最北端に伸びるマッピ岬では、断崖絶壁まで追い詰められた在留邦人たちが、約八十メートル下の海原に向かって次々と身を投じた。なかには、泣いて嫌がる子供を抱えて入水する母親の姿もあったという。

このサイパン戦以降、大本営は「水際迎撃作戦」に一定の見切りをつけ、山岳部などに地下陣地を構築する「長期持久戦」に重点を移した。以降、パラオのペリリュー島、硫黄島《いおうとう》、沖縄などの戦場では「長期持久戦」が徹底されていくことになる。

＊

昭和二十（一九四五）年三月から始まった沖縄戦では特攻作戦が断行されたが、晴気は参謀という立場でありながら特攻を志願。しかし、この直訴も認められなかった。

晴気が終戦間近の八月十日に妻に送った手紙を読むと、彼がこの時点ですでに自決の意志を固めていた様子が窺える。

〈戦いは遠からず終ることと思う。而《しか》して、それが如何なる形に於《お》いて実現するにせよ、予はこの世を去らねばならぬ。

地下に赴いて九段の下に眠る幾十万の勇士、戦禍の下に散った人々に、お詫びを申し上ぐることは、予の当然とるべき厳粛なる武人の道である。

サイパンにて散るべかりし命を、今日まで永らえて来た予の心中を察せられよ〉（『世紀の自

決』ルビは引用者による）
夫婦の間には、三人の幼い子供があった。手紙には、
〈物心つくに伴ない、貴女より予が意志を伝えられよ〉（『世紀の自決』）
との言葉も綴られている。

武士の魂

晴気は八月十五日の敗戦を、市ヶ谷台の参謀本部で迎えた。

以下の記述は、晴気とは陸士時代の同期生であり、同じく参謀本部で軍務にあたっていた益《ま》田《し》兼《かね》利《とし》の述懐に拠る。

翌十六日の夜、益田は晴気から、

「貴様に頼みがあるが引き受けてくれるか」

と真面目な様子で言われた。

それは詰まるところ「自決の介添」の依頼であった。益田はこう返したという。

「貴様の心中はわかるが、そう思いつめないでくれ。責任は誰も同じである。生き残ることも勇者ではないか」

二人はその夜、静かに語り合った。日付は十七日へと変わった。結論は出なかったが、午前二時か三時頃、

「今夜はひとまず寝よう」

ということになった。

しかし、晴気の決心は固かった。うとうととしていた益田がふと物音に気づいて目を覚ますと、晴気が正装をして立っていた。

「益田、起きたか。俺はやはり今から自決する。男の頼みだ。立ち会ってくれ」

益田は、

(この真剣な決意を男らしく遂行させることが今や親友と頼まれた私の責任)

と強く感じ、

「それでは引き受ける」

と返答した。二人は固く握手を交わした。

二人は市ヶ谷台の馬場にある大正天皇御野立所《おのだてしょ》に移動。無言のまま、宮城《きゅうじょう》(皇居)と靖國神社を遙拝した。

晴気は正座し、上着を脱いだ。そして軍刀を抜き、切っ先から二寸位の位置に包帯を巻いた。さらに、拳銃に銃弾を装塡《そうてん》して身体の右脇に置いた。晴気は益田にこう言った。

「同期生として迷惑をかけてすまぬ。元気でやってくれ。失敗したら拳銃で射ってくれ。では頼む」

益田はその後に起きたことをこう記す。

〈私が「安心してやってくれ」と辛じて告げますと、少佐（引用者注・晴気）はシャツをあげ、軍刀を右手にし「失敗せぬよう腹は程々に切るから」と云い、左下腹から右下腹まですっと切って「これでよし」と軍刀を右におき、拳銃を持ち銃口を口にし、何の乱れるところなく撃発して立派に自決されました〉（『世紀の自決』）

晴気の遺体は、参謀本部の庭で茶毘《だび》に付された。

晴気の長男である征弘は、その時、小学校一年生だった。彼は長じて東京大学に進み、卒業後は総合商社で活躍した。

母子家庭で育った征弘だが、若い頃は父親を憎んだこともあったという。しかし、彼は大学生の時にその考えを改めた。彼はこう綴っている。

〈今の通念からすれば、当時の父の責任のとり方は、融通性のない浅慮な方法と批判されるかも知れません。しかし私は父の考え且《か》つ実行したことを、絶対支持します。

現代に於て欠けているのは（もちろん私にも）この「武士の魂」だと思います〉（『偕行』昭和四十二年二月号　ルビは引用者による）

とある陸軍航空技術中尉の決意

陸軍航空技術中尉だった肥田武《ひだたけし》も、敗戦の責任を切腹によって償おうとした一人である。肥田は滋賀県彦根市の出身。東京都立川市の陸軍航空技術学校を経て、立川航空工廠《こうしょう》に配属された。航空機用発動機の製造などを担うこの工廠で、肥田は工員たちの指導にあたった。しかし、立川市への空襲が激しくなったため、航空工廠は石川県金沢市へと移転。さらにその後、金沢市の郊外に分散された。肥田は分工場長として、石川県河北郡七塚町木津区に設けられた「遠田工場」に着任した。

工場では航空機の部品が生産されたが、監督者である肥田は休みなく工場に詰めた。

肥田やその部下たちには、宿舎として工場の近隣に建つ光源寺があてがわれた。住職の一二《ひふ》三尽了《みじんりょう》の五女である勢気子は当時、まだ五歳だったが、戦時中の記憶を断片的に留めている。勢気子は肥田の印象をこう語る。

「何人もの兵隊さんがお寺で暮らしていたのを覚えていますが、肥田さんは偉い方でしたから、お一人で寺の『離れ』で寝起きしていました。眼鏡をかけていて、姿勢が凄く良かった印象があります。軍人さんと言っても、怖いとか厳めしいというような雰囲気ではまったくなかったですね」

肥田は当時、二十四歳である。

昭和二十年八月一日、富山市が百七十四機ものＢ29爆撃機による大空襲に遭った。焼け出された避難民を光源寺でも収容したが、肥田は民間人を標的とした米軍の空襲に怒りを隠せなかった。

以降、肥田は不眠不休の体制で増産に努めた。「飛行機がなければ空襲を防げない」との一心であった。

そんな肥田も部下には優しかった。肥田は部下たちの食糧事情の改善にも尽力した。

しかし、日本は八月十五日に敗戦。

肥田はその後、部下の復員業務などに追われた。肥田は部下たちの就職先の斡旋《あっせん》にまで力を尽くした。

肥田は二十日、母親に以下のような手紙を綴っている。

〈二十四歳の今日迄色々御心配ばかりかけまして申訳も御座居ません。私も武士の子、敵に解除せらるる程の腰抜刀は持ちません。敗戦にせる原因は私にあります。誠の不足せる帝国軍人でありました〉（『世紀の自決』）

翌二十一日と二十二日の二夜に分けて、肥田は部下たちを自分の居室に集め、ささやかな宴席を開いた。部下が披露する浪花節などの余興に、肥田も笑顔を見せたという。

しかし、肥田の心はこの時、すでに決まっていた。

肥田様塚の建立

二十三日、肥田は介錯役に指名した二人の部下を連れて、町の郊外に広がる海岸線の松林に赴いた。

日本海を目の前にして静かに座した肥田は、短刀を自身の左下腹部に突き刺した。肥田は短刀が思うように切れないとわかると、銘刀「粟田口《あわたぐち》」を新たに手に取り、改めて自腹に突き刺した。

粟田口はそのまま一文字に右へ三寸（約九センチ）ほど引き廻された。実践が困難とされる「一文字腹」の完遂である。

二人の介錯人は思わずあとずさりしたが、そんな二人を肥田は呼び止め、

「早くしろ」

と荒い呼吸のなかで発した。二人は決心を固め、一振りずつ太刀を浴びせた。

自決の報は、すぐに光源寺に伝えられた。住職の娘である勢気子は、その時の記憶をこう語る。

「私が寺の境内で『おままごと』をしていた際、若い男性が駆け付けて来て、父に何やら告げました。その時、父が『なにいっ』ととても大きな声を出したのをよく覚えています。というのも、私の父は日頃、大きな声を出すような人ではなかったのです。子供にも怒鳴ったりしない父親でしたから。そんな父が突如として、今までに聞いたこともないような大声を張り上げたので、それで覚えているんです」

肥田の死亡が正式に確認されたのは、午後一時頃であった。現場で検屍を担当した医学博士の竹内養の記述にはこうある。

〈遺体の顔貌《がんぼう》、四囲の砂等より察するに全く苦悶の跡を留めず全く帰するが如《ごと》く死亡したものと認めた。検屍に際し全く頭を垂れしむるものあり、思わず「御見事」の一言を発せしめたり〉(『世紀の自決』ルビは引用者による)

生前の肥田の知徳を知っていた地域の住民たちはその後、町民葬を自発的に催した。

さらに、自決の場所に慰霊碑を建立。その塚は「肥田様塚《ひださまづか》」と名付けられ、今に至っている。

遺書なし不忠の臣

割腹事件は、海外でも起きた。

昭和二十年八月十九日には、昭南島の第七方面軍野戦自動車廠にて、竹林地《ちくりんじ》達登という陸軍技術少佐が割腹自決した。昭南島とは現在のシンガポールのことである。

広島県出身の竹林地は戦時中、南方各地の戦線を転戦。その際、父親にこんな手紙を書き送っている。

〈拝啓　お父様も益々お元気のことと思います。私も頑張って御国のために一生懸命働いておりますから御安心下さい。

逢うた初めがあれば、別れる終りは当然でありましょう。御心に救われておる私、また逢う世界を楽しみに御暮らし下さい。

　別れても　また逢うときもある

　　袖のほころび　南無阿弥陀仏〉（『世紀の自決』）

そんな彼が終戦を迎えたのが、シンガポールの地であった。敗戦を認められず血気に逸《はや》る部下たちに対し、竹林地は無謀な行動を思いとどまるよう諫《いさ》めたという。

しかし、その時にはすでに彼の心中には一つの覚悟があった。

十九日、竹林地は、

「今日の皇国の敗因はひとえに、自らの力のいたらざるがためである」

として、野戦自動車廠内の自室において、割腹自決を遂げた。

遺体は日本の方角を向いていた。「遺書なし不忠の臣」とのみ書かれた紙片が残されていた。享年三十。

さらにその翌日、竹林地の部下の一人である陸軍上等兵・有住葦が、あとを追った。有住は割腹ではなく、小銃を自身に向け、足の指で引き金を引き、喉を撃ち抜いた。享年、竹林地と同じく三十である。

青年将校の最期

昭和二十年九月六日にも、一人の青年将校が割腹自決を遂げている。名を小野寺謙介という。小野寺は岩手県出身。戦時中は埼玉県の豊岡町にある陸軍航空士官学校で教官を務めていた。小野寺の母親は小学校の教師だったが、彼の軍務も一貫して「教育」であった。小野寺は休暇に実家に帰ると、母親と熱心に教育論を語り合ったという。

そんな小野寺は戦争末期、教官の補充要員として満洲国に赴いた。

昭和二十年八月九日にソ連が満洲国に侵攻すると、小野寺は教え子である士官候補生たちを無事に帰国させるため、彼らを連れて陸路で韓国の京城（ソウル）まで戻った。

小野寺はこの京城において、敗戦の報に接した。小野寺は悲憤に暮れる士官候補生たちを励ましつつ、彼らの帰国のために力を尽くした。

その後、小野寺も内地の陸軍航空士官学校に戻った。

しかし、間もなく同校は米軍に接収されることになった。この折、小野寺はこう口にしたとされる。

「私ども将校たちの作戦その当を得ず、かくも悲惨なる敗戦にいたらしめたる罪、一死をもってあるべきのみ」

これに対し、上官の一人は次のように答えた。

「今しばらく家郷《かきょう》なり、しかるべき所に身を置き、世のなりゆきを静観されよ。今後十年経ってまたここに集まり、まだ住みよき国になる見通しがつかなかったら、その時こそ小野寺君の言うように陛下および下万民《しもばんみん》に謝罪して自決いたしましょう」

小野寺はこれを無言で聞いていたという。

九月六日、小野寺は埼玉県飯能市にある観音寺に赴いた。軍装、帯剣という姿で、手には大きな鞄を持っていた。小野寺は住職の服部融泰に、

「自決の場所として境内を使用したい」

と伝えた。

住職は「年若くして死することの非」を懸命に説いたが、小野寺の決意は変わらなかった。

小野寺は鞄の中から真新しい純白の落下傘を取り出し、それを境内の一角に敷いた。その中央に座した小野寺は、襟《えり》を正してから宮城を遥拝。それから、上着の下のボタンを二つだけ外し、バンドを緩めて下げてから、左手で上着の前を抑え、右手に持った軍刀の切っ先を腹部に突き刺した。

小野寺は軍刀を左から右へ引き廻した。最期はにっこりと笑ったような面持ちで、前のめりになって事切れたという。

享年若く二十二である。

後日、遺族のもとに遺品が届けられたが、その中には割腹時に着ていた軍服があった。

軍服の胸ポケットには、小さな手帳が入っていた。その手帳の中には、父親と母親の写った写真が挟まれていたという。

軍属の自決

敗戦の責任を負って割腹自決を遂げたのは、軍人だけではない。軍属の中にも、自身の責任と真っ向から向き合って結論を出した者がいた。軍属とは、軍人ではないが軍に属する者の総称である。

野口政雄は京都中学を卒業後、昭和十二（一九三七）年に大阪府警察に入署。曽根崎署に勤務したあと、蒙古自治政府の警察官として渡蒙した。

昭和十六（一九四一）年からは、包頭《ほうとう》特務機関員となり、敵情の視察や調査などの仕事に従事した。

野口は普段から責任感の強い人物だった。同時に温厚な一面も持ち合わせた性格だったという。

昭和二十年二月十一日に実父へ記した手紙には、以下のような一文が記されている。

〈戦局は思いのほか深刻です。一度帰国致したいと存じますが、それもなりません。一同身辺に気をつけて頑張って下さい。どんなことが起きても驚かず、悲しまず、強く生き抜いて下さい〉（『世紀の自決』）

野口はその後、駐蒙軍独立警備隊に配属され、そこで敗戦を迎えた。

九月二十日の午前七時頃、内蒙古の包頭にて、野口は切腹。祖国のある東方を向いた野口は、武士古来の作法に基づき、腹を十字に切ったあと、布で引き締め、最期は拳銃を咥《くわ》えて発砲したという。享年三十三。

隊長宛てに綴られた遺書の文面は、実に淡々としたものである。

〈実に相済みません。

皆々様有難う御座いました〉（『世紀の自決』）

自決の報に触れた父親は、後にこう綴っている。

〈自決に際しての沈着そのものの態度はそれに立会った方々も深く感動したとのことを後で知りまして、父として、命を断ちたる子供に残念さと悲しみでいっぱいでありましたが、彼の偉大なる精神を思うと身はひきしまり、これでよかったと心に決め、静かに吾が子の冥福を祈りました〉（『世紀の自決』）

＊

以上、多くの軍人や軍属が敗戦の責任をとって腹を切ったことを述べた。

古来、武士は腹部に霊魂や愛情が宿っていると考えた。その場所を割くことによって、己の思う過ちを謝し、恥を雪《すす》いだのである。

日本の武士は明治維新によって消滅したとされる。

しかし、本当は大東亜戦争までは存在したのである。

第十四章

抑留者洗脳事件

洗脳紙『日本新聞』を読む

ソ連が犯した様々な蛮行については、ここまでに重ねて述べてきた通りだが、もう一つ忘れてはならないのが「抑留」という重大な史実である。

終戦後に起きたいわゆる「シベリア抑留」により、じつに五十七万人以上とも言われる日本人が強制連行された。

実際に連行された先はシベリアだけでなく、中央アジアやモンゴルなど、ユーラシア大陸の広域に及んだ。そういった意味では「シベリア抑留」という表現よりも、「旧ソ連・モンゴル抑留」といった言葉のほうが正確だとも言える。

昭和二十（一九四五）年八月二十三日、スターリンは「第９８９８号決定」を策定し、「日本人将兵五十万人を捕虜としてソ連内の収容所に移送し、強制労働を課す」ことを発令。こうしてソ連は、終戦に伴って武装解除に応じた日本軍の将兵たちを強制的に連行した。

連行された人々の中には、民間人も含まれていた。スターリンは「捕虜」という言葉を使ったが、実際には「終戦後の拘束」であることから国際法上の捕虜とさえ言えない。「国家的拉致事件」である。

ソ連は戦争で疲弊した国力を補うため、大量の労働力を欲していた。加えて、スターリンには「日露戦争での敗北」に端を発する「対日報復」の思いが強かった。そんななかで実行に移されたのが、この抑留であった。

連行は九月上旬から始まった。拘束された日本人は一〇〇〇人ほどの大隊にまとめられたうえで、家畜用の貨車などに押し込まれた。ソ連軍の兵士たちは、

「ダモイ、トウキョー（東京に帰る）」

などと号令したが、それらはまったくの虚偽であった。

収容所の数は、ソ連国内だけで約一八〇〇ヶ所にも及んだが、その形態や設備、環境は様々であった。

このようなソ連の行為は「武装解除した日本兵の家庭への復帰」を保証したポツダム宣言第九項に違反する。

＊

そんな抑留者に対して、共産主義思想を植え付けるために配布されたのが『日本新聞』である。ソ連は同紙を使って、抑留者たちへの赤化教育を強力に推し進めようとした。

同紙は第一級の史料であるが、その内容に関する論考は極めて少ない。本章ではその謎多き内容を明らかにしたうえで、世界史における最大規模とも言える「洗脳事件」について、その実態に迫っていきたい。

東條英機が死亡？

『日本新聞』第一号の発行は昭和二十（一九四五）年九月十五日。終戦からわずか一ヶ月後のことである。思想教育は極めて早期から、計画的に実行に移された。

全文日本語の紙面は、タブロイド判で計四ページ。『日本新聞』という題字の下には、「新日本建設へ」との標語が付されている。

日本新聞

新日本建設へ

同志スターリンの國民への呼びかけ

待ちに待った平和が遂に來た

重光、梅津兩全權 降伏文書に調印す

新世界へ前

『日本新聞』第一号紙面

一面の大見出しは「同志スターリンの国民への呼びかけ　待ちに待った平和が遂に来た」。スターリンの肖像写真と共にある本文には、次のように記されている。

〈今次世界大戦の前夜には全世界のファシズムと全世界の侵略の二つの発源地が出来た。それは西にドイツであり、東に日本であるのである。この国こそ第二次世界戦争を勃発させたのだ。こ

の国こそ人類とその文明を滅亡に瀕《ひん》せしめたのである〉（ルビは引用者による）

まさに創刊紙の冒頭で、ソ連側の史観をはっきりと示したわけである。戦後の日本国内に蔓《まん》延《えん》した「日本悪玉史観」「自虐史観」の土壌となる歴史認識と重なる。

同紙はこのような記事を通じて、抑留者たちにまず強烈な「罪悪感」を浸透させようとした。記事はこう続けられる。

〈日本の侵略者が損害を蒙らせた国は我々の同盟国――支那、アメリカ合衆国、大ブリテンばかりでなく、彼等は我国にも大損害を蒙らせたことを強調しなければならぬ。それだから我々も又日本に対して自分の特別な要求を有するのである〉

「悪いのは日本だから抑留も当然」とでも言いたいのであろうか。抑留者の怒りや不満が、ソ連ではなく日本に向かうべく誘導しようという意図が伝わってくる。

また、同号の四面には「前首相東條大将は自殺死亡す」と題された記事が掲載されている。

〈東條は自分で射った後二十分を経過して死亡した〉

言うまでもないが、これは明らかな誤報である。東條は九月十一日に拳銃で自決を図ったが、未遂に終わっている。このような記事の掲載は、同紙が伝える内容の杜《ず》撰《さん》さと、当時の混乱ぶりを表していよう。

ただし、三日後の九月十八日に発行された第二号の紙面には「東條の生命に別状なし」との訂正記事が掲載されている。

ソ連への礼賛

『日本新聞』の編集局は、極東のハバロフスクにあった。編集長はイワン・イワノビッチ・コワレンコという人物である。

ウラジオストク近郊に生まれたコワレンコは大学で日本語を学んだが、入隊後はその語学力を買われ、様々な対日工作に従事していた。そんな彼が二十六歳にして『日本新聞』の編集長を任されたのだった。

編集部には約十五名のロシア人スタッフと、約五十名の日本人抑留者がいた。抑留者の中には、もともと新聞記者だった者も含まれていたという。

日本側の初代編集責任者として選ばれたのは宗像創《むなかたはじむ》である。東京帝国大学工学部卒業の宗像は、ソ連側が称するところの「民主運動」のリーダー格となった。

発行は週三回。発行部数は約二十万部とされる。ページ数は概ね二ページか四ページであった。

同紙には編集部のほかに宣伝部隊があり、彼らは各地の収容所を巡って記事の内容をわかりやすく解説する役目を担った。

十月十一日発行の第十二号の特集は「ソ連とは?」。「世界一の大国」「面積は陸地の六分の一」「莫大な天然資源」といった言葉を使って「ソ連がいかにすばらしい強国か」を伝える内容となっている。

以降の号でも、「偉大なるかなソ連!」(第十三号)、「飛躍目覚ましコルホーズ農場　農機続々送らる」(同)、「人間による人間の搾取を全廃し　総ての権力は労働者と農民の手に」(第十四号)、「生活の絶対的保証」(同)、「議員は国民の公僕　明るいソ連の姿」(第十六号)といった見出しの記事が続く。「罪悪感」を植え付けたあとに「理想の描写」をするのは、洗脳における古典的手法の一つである。

しかし、言うまでもなく、二十一世紀を生きる私たちは、すでに歴史の解答を十分すぎるほど有している。全体主義国家・ソ連が、どれだけの国民を犠牲にし、社会を根底から崩壊させたのか。そして、本書でも触れてきた通り、どれだけ多くの日本人がソ連軍によって虐殺されたのか。その答えを知っている私たちには、いずれも虚しく響くスローガンである。

日本批判への誘導

だが、そんな解答を持ち合わせていない当時の抑留者たちの中には、同紙が綴るスローガンにある種の「希望」を感じた者たちも確かにいた。

そんな抑留者の心をさらに赤化していくため、同紙はソ連礼賛《らいさん》記事と同時に、「日本批判」の内容をより強調していった。「日本財閥の仮面を剝ぐ」（第二十一号）、「戦争に対する責任は軍閥と財閥にあり」（同）、「軍閥の罪や深し」（第二十二号）といった記事を通じて、「君たちは騙されていた」という観点を繰り返し提示していくのである。「怒り」の感情を巧みに利用するのも、洗脳教育の基本と言える。

十一月十七日発行の第二十七号には「日本共産党活動方針決定」との見出しのもと、以下のように記されている。

〈日本共産党がソ連より資金を得て暴力革命を計っているとの噂は全然事実無根である。（略）青年の共産主義に関しては速かに広汎な大衆組織になすべきである〉

同号には「日本社会党結成」という記事も掲載されている。

同紙はその後も、両党の動向を積極的に伝えている。これは洗脳の初期段階で示された「理想」を実現するための「具体的手法」を提示するという次の段階である。「日本を理想的な社会にするためには、日本共産党や日本社会党を支持するしかない」と説いているわけである。

十二月十三日発行の第三十八号には、一枚の「風刺画」が掲載されている。瓦礫《がれき》の山と化した街を背景に、東條英機ら軍人が日本国民に頭を下げているという構図のイラストである。タイトルとして「彼等こそ戦争と惨禍の責任者だ」と付され、以下のような台詞が続く。

〈国民「この様な姿になったのは誰のためだ」

東條「ハイ軍人が政界に登場─東條─したのがこの不出来─英機─でした。申訳ありません」〉

「笑い」としても低調な「抑留ジョーク」だが、その実態は風刺というよりも洗脳教育そのものである。

抑留者たちの証言

シベリアの酷寒は、抑留者たちの心身を著しく疲弊させた。食糧も足りないなかで、強制労働には厳しいノルマが課せられた。病気や栄養失調により亡くなる者が相次いだ。

抑留者の一人である宮崎清は、森林伐採の仕事を課せられた。当時のことをこう振り返る。

「作業は二人一組で行われました。『ピラー』と呼ばれる半月型の大きなノコギリの両端を二人で持ち、それを引いて松や杉の大木を切るのです。初めはやり方もわからず、作業ははかどりませんでした。一日に何十平米というノルマがあるのですが、ノルマを達成できないとただでさえ少ない食事の量をさらに減らされました」

宮崎の友人の一人は、倒れた木の下敷きになって絶命したという。

「逃げようとしても、身体が衰弱していて動けなかったのかもしれません。むごいものだと思いましたね」

また、モンゴルのウランバートル郊外に建つアムグロン収容所に抑留された山田秀三はこう語る。

「現在のスフバートル広場の辺りの建設現場で労働を強いられました。今ではウランバートルの中心地として栄えていますが、当時は何もありませんでした。そこで来る日も来る日も、厳しい作業をさせられました。自分たちがなぜこんな仕打ちに遭わなければいけないのか。そんな思いを抱えながら毎日を過ごしていました」

ウランバートルの中心街に今も建つ市役所やオペラ劇場といった建築物は、日本人抑留者たちがつくり上げたものである。

強まる天皇批判

そんな過酷な生活の中でも、抑留者たちは活字に飢えていた。

しかし、彼らが手にすることができる紙媒体は『日本新聞』だけだった。発行当初は見向きもされないことが多かった同紙だが、次第に愛読者は増えていった。そしてついには各収容所内に「日本新聞友の会」が結成されるにまで至ったのである。

昭和二十一（一九四六）年一月一日に昭和天皇のいわゆる「人間宣言」が行われたことを受けて、一月十七日発行の第五十三号では「天皇制問題」と題された特集が組まれている。見出しには「『天皇』の語は不当」とあり、本文は以下のように続けられている。

〈天皇教という宗教ができたについて一つの挿話がある。明治初年、東京大学で国史を講じていたアストンは「明治政府が一つの新しい宗教を創って之を普及し始めた。新宗教とは天皇崇拝の宗教である」と言っている。天皇という言葉も神という意味を含めた日本の造語であって支那にもなければ日本にも古くは余り使われていない〉

日本の皇室の歴史を「近年に始まった新宗教」と断ずる内容である。戦前に「コミンテルン日本支部」として発足した日本共産党は、「君主制廃止」や「絶対主義的天皇制の打倒」などを掲げた党史を持つが、「人間宣言」以降も皇室への批判を弱めることはなかった。

三月三日に発行された第七十二号のトップ記事は「日本共産党四大決議」の中身を伝える内容である。第五回党大会を通じて決議されたというその「第一」には、こう記されている。

〈選挙を前にして天皇の行幸が頻《しき》りにある。神奈川、東京、多摩などへの戦災地視察が相次いで行われ、直接人民に呼び掛けている。天皇は依然最高戦争犯罪人であるにも拘《かか》わらず、自己の罪を棚に上げ、之を偽装しようとして盛んに人民に呼び掛けている〉（ルビは引用者による）

昭和天皇の巡幸は、同年二月十九日の神奈川県を皮切りに始められたが、『日本新聞』はこれにすかさず批判を加えたことになる。結局、この巡幸は日本各地で国民から熱狂的に迎え入れられたが、共産主義者たちは一貫して批判的な姿勢を崩さなかった。

五月三日からは東京裁判が始まったが、同月九日発行の第百一号には次のような記事が掲載されている。

〈日本並に全世界の勤労大衆を現在の如き惨憺《さんたん》たる廃墟に導いた帝国主義的強盗戦争の指導者、組織者であり、且《か》つ巨大地主及独占財閥の専制支配のために、未曾有《みぞう》の軍事的日本ファシズムの恐怖政治を施いた張本人、東條英機以下二十八名の所謂《いわゆる》第一級戦争犯罪人に関する公判〉（ルビは引用者による）

「強盗戦争」「恐怖政治」といった言葉は、そのままソ連にお返ししたい。

相互監視体制

昭和二十一年の後半以降は「天皇批判」の記事がさらに過激さを増してくる。十月十日発行の第百六十七号には「天皇制こそわれらの敵」「天皇制打倒はわれわれの信念」とある。十二月二十八日発行の第二百号には、宮本顕治の論文「天皇制批判について」が一ページすべてを使って紹介されている。

宮本といえば、戦前から日本共産党の党員として活動し、戦後は同党の書記長や委員長などを歴任することになる人物だが、そんな彼の論文の一部が「二百号記念」として転載されているのである。

宮本は「天皇制を打倒しなければならないことは明白である」としたうえで、日本における国民と皇室の存在を「奴隷と奴隷所有者」「被征服民と征服者」になぞらえる。同記事の掲載後、収容所内ではこの論文を題材とした研究会などが催されていった。

各地の収容所内では、共産主義に関する政治講習会が盛んに行われるようになった。「反動」と見なされた者たちは厳しい「吊《つ》るし上げ」の対象となった。「民主化運動」という美名のもとで行われた「赤化工作」は、極めて執拗だった。

抑留者同士による「相互監視」の手法も用いられた。カザフスタンのバルハシという町の収容所に抑留された菅《かん》多喜雄は、収容所側から「スパイ活動」を秘密裏に命じられた。「反共的な人物を密告しろ」というのである。「虚偽の報告をしたり、職務を怠った場合は、いかなる処分を受けても異議はない」という内容の誓約書まで書かされた。

この極秘の命令は、菅の心を深く苦しめた。菅はその憂悶《ゆうもん》をこう表現している。

〈私としては、どのような目に遭おうとも遠く離れた異郷の地で生死や苦楽を共にしている同胞を売るわけにはいかないので、そのまま放置していると、数ヵ月ごとに呼ばれては、なぜ報告しないのかと責められた。私は、その都度差し障りのない報告をしては何とかその場を繕《つくろ》い、難を逃れてきた。このような苦い体験は恐らく他の人にはなかったものと思われるが、私にとってはどんな作業よりもなお辛い大きな精神的な苦痛であったとともに、呪縛に等しいものでもあった〉(『平和の礎　シベリア強制抑留者が語り継ぐ労苦（抑留編）X』〔平和祈念事業特別基金編〕ルビは引用者による)

過激さを増す紙面

思想教育は着実に効果をあげた。昭和二十二（一九四七）年一月十六日発行の第二百七号には、抑留者から投稿されたという以下のような詩が掲載されている。

〈若きソ連の兵士らが　奏でる楽の旋律よ
語らう笑顔の明るさよ
自由と平和と友愛が滲み出るこの力
正しい戦に勝った　正義の軍隊の姿だ
落日に涙たれつつ　新たなる怒りにもえて
俺は叫ぶ!!
打倒せよ!!　軍閥日本
打倒せよ!!　天皇制日本〉

さらに、七月三日発行の第二百七十九号の投稿欄「われらの詩藻」には、「狂歌」として以下のような一首が掲載されている。

〈天下り人となりたるヒロヒトに
　鋤鍬《すきくわ》持たせ　赤旗の下〉（ルビは引用者による）

抑留者の一人である林英夫は、大正十五（一九二六）年、神奈川県横須賀市の生まれ。陸軍航空士官学校を卒業したあと、下志津陸軍飛行学校を経て渡満。黒竜江省のチチハル近郊に駐屯する第四十二教育飛行隊で乙種操縦学生の課程を履修したが、終戦後に抑留の身となった。

モスクワの東南約四百キロに位置するマルシャンスク収容所に抑留された林は、思想教育についてこう語る。

「一日の労働を終えて、くたくたになって疲れて収容所に帰ってくると、共産主義のお先棒を担いだ者たちが『勉強会』とか何とか言ってやっているわけですよ。こっちは疲れて早く眠りたいのに。本当に人の気持ちと言いますか、人情というのはクルクルと変わるものだなと驚きました。ソ連のご機嫌を取ってラクをしようとした者たちに対しては、やっぱり怒りを覚えましたし、暗然とした思いになりましたね」

七月十五日発行の第二百八十四号からは「日本帝国主義侵略史」という連載がスタート。「国内外の人民大衆に対する野蛮なる掠奪《りゃくだつ》的特質——永い間の日本帝国主義の本質的矛盾」（ルビは引用者による）「天皇制政府は血みどろのテロルを組織」といった言葉で、日本の近代の歩みを繰り返し糾弾《きゅうだん》している。

「天皇島上陸！」の声

昭和二十三（一九四八）年二月五日発行の第三百七十三号では、中国の毛沢東に関する特集が組まれている。

当時、中国は第二次国共内戦下にあり、共産党軍が形勢を優位に進めている状況であった。

毛沢東の写真とともに「中国解放の旗すすむ」「勝利の日いまぞ近づけり」「共産党の指導の下に　民族統一戦線は強化」といった言葉が並ぶ。同紙ではその後も、中国共産党を礼賛する記事が頻繁《ひんぱん》に掲載されていく。

五月一日発行の第四百十二号からは、題字が『日本新聞』から『日本しんぶん』に変更された。ただし、紙面の路線に大きな変化は見られない。

九月十八日発行の第四百七十二号の一面トップは「朝鮮民主人民共和国成立」の大見出し。同月九日に建国された北朝鮮（朝鮮民主主義人民共和国）の誕生を大々的に祝す内容である。一面には金日成の肖像画が掲載され、二面には以下のような記事が綴られている。

〈朝鮮を二分するにいたったアメリカ帝国主義者とその手先たる朝鮮反動に抗する闘争の途《みち》に断乎たちあがったのである〉（ルビは引用者による）

〈すでに根本的な民主的諸改革が実施され、言論、出版、集会、結社の自由が存する北鮮〉

北朝鮮のその後の歩みを知る私たちには、歴史の冷酷さを物語る記事にも映る。

昭和二十四（一九四九）年一月一日に発行された第五百十七号では「レーニン・スターリンの旗の下に　勝利を確信し躍進せよ！」「共産主義の勝利へ巨歩！」「〝われらのスターリンのために〟誓いをこめて勝利の祝杯を！」といった見出しが並んでいる。

＊

以上、『日本新聞』の紙面の中から、とくに印象的な記事をいくつか抜粋して紹介した。

多くの抑留者は共産主義の欺瞞《ぎまん》を見抜き、あるいは肌で感じ、ソ連側の洗脳教育に感化されることはなかった。また、「早く帰国するため」に共産主義に染まったふりをした者たちもいた。「抑留者＝共産主義者」でないことは重ねて留意しておきたい。

しかし、『日本新聞』を教材として行われた苛烈《かれつ》な思想教育のなかで、共産主義に心酔してしまった者たちも少なくなかった。日本への帰国時、抑留者たちの乗った船の多くは京都府北部の舞鶴港に到着したが、彼らの中に、

「天皇島上陸！」

などと叫んだ者たちがいたことは、出迎えの人々を驚愕させた。

このような光景を生んだ背景には『日本新聞』の存在があったのである。

あとがき

忘れ去られた事件の数々。

それらは「歴史の襞《ひだ》」のようなものなのかもしれない。昭和史の闇に埋没した、あるいは意図的に隠された史実たち。そんな無数の襞に対し、あくまでも実際の当事者たちの生の証言をもとにしながら、丁寧に分け入っていくことが本書の狙いであった。その目的を達成することは、わずかでもできたであろうか。

歴史とは「事件の集積」である。一つの事件が次の事件を呼び、また別の事件を誘う。その「流れ」を的確に把握することが、奥行きのある多面的な歴史認識の醸成に繫がる。

歴史とは必ずしも「偉人」がつくるものではない。「偉人伝」より「事件簿」のほうが重要だという言い方もできるであろう。

様々な事件の発生要因や経緯、その後の展開などを理解し、歴史へのまなざしを柔軟に広げていくことが肝要である。

歴史は常に複眼的に見なければならない。無論、いくつかの事件を恣意的《しいてき》にタブー視することなど、もってのほかである。

そのうえで大事なのは、先人たちへの鎮魂や哀悼《あいとう》の気持ちを穏やかに育んでいくことである。

このような行為への共鳴なくして、「歴史を学ぶ」ということにはならないのではないか。人間社会が保つべき温《ぬく》もりとは、そういった姿勢から湧き出《い》づるものであろう。

※文中敬称略。
※引用部は適宜、新字体に改めたうえ、誤字脱字の修正、句読点の追加などを行った。
※本書の大半は書き下ろしだが、『正論』『月刊Ｈａｎａｄａ』「文春オンライン」に発表した原稿に加筆、修正したものも含まれる。

著者略歴

早坂 隆（はやさか・たかし）

1973年、愛知県生まれ。ノンフィクション作家。大磯町立図書館協議会委員長。

主な著作に『指揮官の決断　満州とアッツの将軍　樋口季一郎』『永田鉄山　昭和陸軍「運命の男」』『ペリリュー玉砕』（いずれも文春新書）、『昭和史の声』（飛鳥新社）などがある。『昭和十七年の夏　幻の甲子園』（文藝春秋）でミズノスポーツライター賞最優秀賞受賞。

【公式ツイッター】https://twitter.com/dig_nonfiction

大東亜戦争の事件簿
――隠された昭和史の真実

発行日　2021年7月20日　初版第1刷発行

著　　者　早坂 隆

発 行 者　久保田榮一

発 行 所　株式会社育鵬社
〒105-0023
東京都港区芝浦1-1-1 浜松町ビルディング
電話 03-6368-8899（編集）
www.ikuhosha.co.jp

株式会社扶桑社
〒105-8070
東京都港区芝浦1-1-1 浜松町ビルディング
電話 03-6368-8891（郵便室）
www.fusosha.co.jp

発　　売　株式会社扶桑社
〒105-8070
東京都港区芝浦1-1-1 浜松町ビルディング
（電話番号は同上）

装　　丁　新 昭彦（ツーフィッシュ）

DTP制作　株式会社ビューロー平林

印刷・製本　サンケイ総合印刷株式会社

定価はカバーに表示してあります。
　ISBN 978-4-594-08823-1

本書のご感想を育鵬社宛にお手紙、Eメールでお寄せください。
Eメールアドレス　info@ikuhosha.co.jp